ANTONIO GAITO

EPISTEMOLOGIA

Riflessione su Dio e sulla conoscenza, attraverso il linguaggio della filosofia e della scienza

Sponsor Editoriale: ASI – Associazione Solidarietà Internazionale, San Valentino Torio (SA)

Foto di copertina:
Via Lattea
(Fonte: NASA -Ente Spaziale degli USA)

Youcanprint *Self-Publishing*

Autore | *Antonio Gaito* – antoniogaito59@gmail.com
Titolo del libro | *Epistemologia: riflessione su Dio e sulla conoscenza, attraverso il linguaggio della filosofia e della scienza.*
ISBN | 978-88-92689-98-5

Parte del ricavato dalla vendita di questo testo sarà devoluto per libera scelta dell'Autore all'associazione di volontariato -A.S.I.- Associazione di Solidarietà Internazionale:
- associazione.asi@libero.it
- www.facebook.com/ASIonlus1992
Via Mons. Tonino Bello,3 – 84083 San Valentino Torio (SA)
cell. 333/2870697 - Gabriele

Copertina: foto della Via Lattea
Archivi pubblici della NASA – Ente Spaziale USA
Stampato in Italia

Youcanprint Self-Publishing
Via Roma, 73 - 73039 Tricase (LE) - Italy
www.youcanprint.it
info@youcanprint.it

*"Dedicato a YHWH, che in Cristo Gesù, per la guida e la
potenza dello Spirito Santo, è fonte unica di vita e scopo
dell'esistenza, in questa e nella vita oltre!"*

Indice

Prefazione

Da sempre, ogni generazione ed etnia umana hanno cercato delle prove storico-scientifiche atte a dimostrare l'esistenza di Dio. Il titolo di questo lavoro e la foto di copertina rispecchiano la sintesi straordinaria che è l'opera di Dio nella creazione.

Allorquando mi è stato proposto di scrivere il presente libro, ho pensato subito che lo avrei organizzato cercando di rispondere a tre quesiti fondamentali:

1. *Esiste veramente un Dio che ha compiuto ogni cosa?*
2. *Chi è questo Dio?*
3. *Filosofia, ...fede, ...scienza, ma sono compatibili?*

Perciò, tale lavoro tenterà di rispondere ai tre interrogativi di cui poc'anzi, attraverso l'analisi scientifica della documentazione attraverso lo strumento dell'epistemologia.

Ovviamente, visto il taglio del presente saggio, il percorso-verifica sarà fatto con un piglio teologico-storico-filosofico.

La ragione che mi ha spinto a scrivere il presente libro, è sottesa ad un progetto molto più articolato: nei prossimi anni, sarò impegnato in ambito accademico ed ecclesiale, a trattare l'epistemologia e la lingua ebraica. Ecco anche, la ragione che mi ha portato a dover delimitare e connotare in maniera specifica i contenuti del mio lavoro. Infatti, attraverso un "viaggio" storico-sociologico, che parte dai primordi della società umana e la attraversa trasversalmente tutta.

Il materiale che soggiace alla stesura del libro proviene da sermoni, conferenze e lezioni che, negli anni ed ancora oggi, mi capita di tenere in giro per l'Italia e l'Europa. Il progetto editoriale è stato pensato e voluto con una strutturazione in quattro capitoli, esposti con un linguaggio semplice e coinvolgente.

Il focus del testo è Dio. Ovviamente, parlare intorno a Dio, coinvolge per forza termini che sono basici nella categoria del "divino": verità, conoscenza, fede, ecc.

Ora possiamo anche addentrarci meglio nel contenuto del libro. Al riguardo, penso che non si possa parlare di Dio, di filosofia, di conoscenza e di fede, senza coinvolgere il "cammino" che l'uomo ha percorso sin dal suo apparire sulla Terra. A tal fine, il testo svela, attraverso i quattro capitoli tutta la ricchezza ed anche i fallimenti che l'uomo ha conseguito sulla Terra sin dalla sua comparsa. Questo disvelamento avviene sin dal primo capitolo, ove ho cercato di esporre il cammino della società umana, a partire dai primordi; nel secondo, il soggetto trainante è il pensiero "alto" (filosofico) dell'uomo, che nel corso di secoli, attraverso studi e ricerche, ha prodotto tutto ciò che siamo oggi; nel terzo, abbiamo la nascita, la creazione e le conquiste del pensiero scientifico; nel quarto ed ultimo capitolo, oltre ad affiorare un po' di sintesi dei contenuti precedenti, si affronta l'analisi storica dell'esistenza di Gesù Cristo, delineandone i contenuti in una prospettiva epistemologica.

Il sottile tono apologetico è stato voluto, perché teso ad un'affettuosa provocazione mirata solo alla ricerca di un dialogo con chi lo volesse. Chi scrive, ha voluto sviluppare una riflessione sulla base di dati storico-scientifici, con la sola umile "ambizione" di evidenziare ciò che è "vero" rispetto a ciò che è "falso", alla luce della scienza epistemilogica! In sostanza: ho tradotto, in linguaggio contemporaneo, un po' quello che l'Apostolo Pietro espose nella sua I Epistola, che io vado a parafrasare:

"Non c'è attenuante per il cristiano di oggi e di ieri, al cospetto del fatto di non essere adeguato per difendere la propria fede. Ogni cristiano, dovrebbe sapere, cosa crede, perché e come condividerlo con gli altri".

Introduzione

Il titolo del libro, ci induce subito a pensare che sarà una riflessione su Dio...ecc. Compito dalla duplice ricaduta: positiva la prima, perché è sempre un grande onore, allorquando qualcuno ci chiede di scrivere di Dio e su Dio; un po' insidiosa la seconda, ché, visti i tempi, si riesce ad essere quantomeno non alla moda, con un certo pensiero contemporaneo intriso di agnosticismo e materialismo.

Nel mio caso, affrontarlo non l'ho ritenuto "lesivo" della mia autostima, al contrario, uno stimolo a coltivare il nostro progetto a prescindere! L'autore è anche consapevole che, questo suo modesto lavoro, non può e né deve essere pensato come esaustivo, e questo, sia per la mole di materiale esistente che, per la lettura dello stesso, avvenuta pur sempre di parte!

Malgrado tali premesse, il testo, con grande serenità, franchezza ed umiltà, percorrendo la civiltà umana ed il suo pensiero progressivo, cercherà di dare una risposta oltre ogni ragionevole dubbio alla tesi di fondo che si sostanzia nei quesiti. Attraverso i suoi contenuti, tenterà di parlare a tutto tondo di fede, filosofia, scienza e conoscenza; ma porrà, soprattutto nell'ultimo capitolo, di fronte alla prova della scienza epistemologica integrata, i tre personaggi che maggiormente hanno impresso il loro nome nella società umana: Buddha, Maometto e Gesù Cristo.

Tale studio analitico-comparato sarà fatto con tutto il rispetto che si deve alla sensibilità dei fedeli di tali Religioni; ma, ovviamente, con il più oggettivo rigore scientifico. Con tali presupposti, non poteva che essere l'epistemologia ad accompagnarci in questo nostro "viaggio". Scienza integrata per eccellenza, perché composta da diverse discipline del sapere umano; i sui "dogmi" si basano su di una serie di strumenti che vanno da metodologie filosofiche a quelle chimico-fisico-matematiche; il tutto, finalizzato al processo di acquisizione di conoscenza.

Siamo stati obbligati a coinvolgere questa disciplina, perché, parlando di Dio, non si può non parlare di due concetti universali interconnessi: conoscenza e verità (o falsità!)

Essendo questo un testo didattico, sia pure di taglio filosofico-teologico, ritengo opportuno ripetere che: l'Epistemologia, è semplicemente la scienza che studia i fondamenti, la validità e i limiti della conoscenza scientifica. Nel presente lavoro è stata affrontata come sforzo teso a bilanciare, da un lato i contenuti filosofici e dall'altro la sintesi lineare e chiara di un testo didattico, che possa servire ad arricchire la conoscenza ed il senso di analisi di giovani che si avviano al ministero cristiano di servitori o di docenti.

A latere dei tre quesiti di fondo, l'epistemologia dovrà confrontarsi anche con altre due certezze ontologiche:
1. Complessità della persona umana!
2. Complessità dell'universo!

Proprio in ragione della complessità racchiusa nei quesiti, cui il testo tenterà di rispondere, credo e penso, sia di estrema importanza il cosiddetto fattore protocollo: come organizzare un processo, teso ad acquisire una "conoscenza certa" (episteme), come direbbero gli antichi sapienti Greci?

È proprio per organizzare una struttura ordinamentale che, la scienza epistemologica ha ritenuto di poter schematizzare codesto percorso ed inquadrarlo in una strutturazione e metodologia scientifica come la seguente tabella riporta.

tab. 1

La realtà esiste?	Essenza	Ontologia
La realtà è conoscibile?	Conoscenza	Epistemologia
Come?	Metodo	Metodologia

La tabella n.1 evidenzia la complessità metodico-filosofica del percorso che conduce alla conoscenza. Qui credo sia giusto ancora presentare un tributo ad Aristotele, perché l'indagine epistemologica parte sempre da quelli che furono i suoi due principi postulati in riferimento alle tipologie di conoscenza:

1. Opinione (doxa), che scaturisce dalla relazione dei nostri sensi con il mondo;
2. Scienza (logos), basata sulla ragione intellettiva.

Detto ciò, esplicitiamo, obtorto collo, i quattro orientamenti di pensiero che, da qui partendo, fanno da divisori dell'umanità, almeno secondo il principio di approccio alla conoscenza:
  a) Per il Cristianesimo, esistono entrambe le conoscenze di cui prima;
  b) Per l'Induismo, esiste solo quella interiore;
  c) Per il Buddismo, esiste solo quella esterna;
  d) Per il Nichilismo, non esiste nessuna delle due!

A questo punto, vorrei qui esporre come momento propedeutico le conclusioni di un esperimento scientifico che contribuì a gettare le basi sperimentali dell'odierna Epistemologia:

l'esperimento detto "Stanza di Ames", dal nome del suo esecutore, **Adelbert Ames** che, nel 1946 alla Princeton University, lo effettuò.

In sostanza, cosa fece Ames? Chiudendo in una stanza particolare due persone, osservò poi, dalle domande a queste rivolte, che le risposte erano completamente diverse e molto soggettive.

I due elementi speciali, che l'oftalmologo colse, furono:

1. La conoscenza è condizionata, in parte, dal metodo di indagine che si adopera;

2. Sulla conoscenza soggettiva delle persone, gioca un grande ruolo il loro contesto interiore e di provenienza.

Diciamo che, al momento, l'impostazione conoscitiva che da sempre ha influenzato i procedimenti scientifici pone sempre le basi sui soliti principi attenzionati da Aristotele:

1) *Il Principio di induzione*: procedimento conoscitivo per mezzo del quale, partendo da osservazioni di casi particolari, si risale ad affermazioni generali.

2) *Il Principio di deduzione*: procedimento per cui, partendo da una verità generale si ricava una verità particolare, che si presuppone insita nel generale.

Con questi princìpi si arriva fino ai primi del '900 ove, con la crisi delle certezze, nella scienza entra il Concetto di "Probabilismo". È quello il momento ove cominciano a sgretolarsi i due dogmi della scienza: la riducibilità di tutti i fenomeni naturali alle leggi della meccanica, e la credenza secondo cui la scienza avrebbe rivelato la verità sull'universo. Ci si convinse sempre di più di un fatto: se l'universo non poteva essere descritto nei suoi fondamenti ultimi, anche i linguaggi con cui era descritto acquistavano una valenza probabilistica.

Con l'epistemologia si cominciarono ad esaminare gli aspetti che hanno proprietà generali comuni ed interagenti. Si è giunti, quindi, alla consapevolezza dell'insufficienza del meccanicismo quale modello universale, e si è compreso quanto dannosa sia la tendenza alla frammentazione della scienza in discipline specialistiche isolate.

Adesso, mi sembra opportuno e doveroso presentare due righe biografiche sui tre grandi studiosi che hanno strutturato e portato a rango di scienza l'Epistemologia.

Cominciamo, secondo il criterio anagrafico, da **Ferdinand De Saussure**, che nacque a Ginevra, in Svizzera, nel 1857, ove morì nel 1913. Fu linguista e semiologo, è considerato il fondatore dello Strutturalismo, approccio allo studio strutturale delle lingue; questo significa che lui ebbe a concentrarsi sul momento sincronico della lingua e non già su quello diacronico.

De Saussure, con la sua modalità sincronica, entra nella conoscenza linguistica in maniera da astrarsi dall'intero percorso storico-comparativo (diacronia) della lingua; questo significa che la sua analisi guarda la lingua nell'oggi e nient'altro. Ponendo perciò molta attenzione allo studio dei segni linguistici.

Sempre, rispettando solo il criterio anagrafico, siamo a **Jean Piaget**, svizzero come De Saussure; Piaget nacque a Neuchâtel nel 1896 e morì a Ginevra nel 1980.

Grandissimo studioso al pari del primo, è il fondatore dell'Epistemologia Genetica. Essendo Piaget uno psicologo, si concentra sugli studi delle dinamiche cerebrali. Perciò, il suo grandissimo contributo è stato fondamentalmente di epistemologia sperimentale. Piaget sperimentò e codificò anche in quattro fasi il processo cognitivo dell'essere umano, rubricando ed annotando dati di ogni tipo:
1. da 0 ai 2 anni (fase senso-motoria);

2. da 2 a 7 anni (fase preoperatoria);
3. da 7 a 11 anni (fase operazioni concrete);
4. da 12 anni a seguire (fase operazioni formali).

Per Piaget, lo sviluppo del linguaggio e della conoscenza seguono un percorso individuale, ma con relazioni-interazioni provenienti dall'esterno. Egli dice anche che il pensiero precede il parlare.

Concludo con l'unico dei tre che è ancora in vita, **Noam Chomsky**. Noam nasce negli USA a Filadelfia nel 1928; è soprattutto un linguista e filosofo.

Anche lui ha fornito un grandissimo contributo, al pari dei suoi illustri colleghi svizzeri che lo hanno preceduto. Chomsky ha definito con chiarezza la differenza tra conoscenza e performance. In riferimento stretto alla conoscenza, sostiene che esiste in ogni essere umano una Grammatica Universale innata; tutto, quindi, si sviluppa e si delinea solamente per contenuti genetici, senza condizionamenti esterni.

CAPITOLO I

La costruzione storico-sociologica
della società umana

1.1 - La famiglia e la sua genesi

Come è stato detto altrove, la tesi che si vuole argomentare e dimostrare in questo libro è ardua, ma al contempo affascinante. In questa prima lezione parleremo della famiglia, la cellula di base su cui si fonda la società umana; cercheremo di farlo in maniera semplice, malgrado l'argomento sia inserito in un piccolo saggio di filosofia.

Voglio qui ripetermi su un concetto già espresso in precedenza: non ho mai creduto che si potesse scrivere di filosofia, senza prima affrontare dalle fondamenta il percorso di nascita e di "crescita" della società umana. Quindi, ritengo che non ci sia migliore "humus" su cui poter impiantare un discorso articolato e completo, teso a rappresentare le tappe che la famiglia e con essa la civiltà dell'uomo hanno percorso con la loro comparsa sul nostro pianeta. Solo così facendo credo si possano capire, almeno in parte, le vette ma anche i fallimenti toccati dalla mente umana. È chiaro che, il percorso proposto in questa fase del libro è qualitativamente storico-sociologico; perciò, affronteremo nei capitoli successivi tutte quelle dinamiche di matrice teologico-filosofiche che, con l'avanzare del progresso sono comparse nella storia.

Per cominciare, uno sguardo etimologico ad un termine a noi familiare e dal quale tutto ebbe inizio: l'accezione di famiglia ha la sua genesi nella parola latina "famulus" (schiavo domestico); da qui, si passa attraverso un'altra parola, sempre latina, che è "familia", ossia l'insieme di tutti gli schiavi con annessi moglie e figli, che alla fine costituivano il "patrimonio" del pater familias.

Ritornando al nostro studio, va detto che le opere di Marx[1] ed Engels[1] sono illuminanti al pari del grande lavoro fatto dall'etnologo americano Lewis Henry Morgan[2].

Qui, vale sottolineare una tesi di fondo presente negli scritti di Marx ed Engels che, basano la strutturazione del loro lavoro storiografico su di un dato certo e per molti versi controcorrente: a loro dire, la storia non comincia quando appare un'evoluta e documentata attività politico-ideologica, ma allorquando l'uomo crea i mezzi per soddisfare il bisogno immediato di mangiare e bere, costruirsi una casa e degli arnesi ed attrezzi per migliorare la sua vita.

Tesi peraltro, condivisibile solo da un punto di vista strettamente storiografico. Nel nostro caso, il presente lavoro vuole toccare, e ciò farà, solo marginalmente la costituzione della famiglia nella società umana. Perciò, percorreremo l'evoluzione ed allo stesso tempo metteremo a confronto diverse organizzazioni sociali, che di alcuni popoli piuttosto di altri, hanno mostrato avere una base comune malgrado lontane nel tempo e nello spazio migliaia di chilometri: peculiarità che, per certi aspetti mi è piaciuto definire "il DNA ancestrale degli avi umani". Volendo sottolineare in tal modo che, l'organizzazione di base della famiglia e della società degli uomini è sostanzialmente la stessa per ogni latitudine! È questo un motivo in più per una più attenta riflessione teologica.

---

[1] C. Marx (1818-1883) e F. Hengels (1820-1895) filosofi tedeschi , opera più importante: " Il Capitale ".

[2] L. H. Morgan (1818-1881), antropologo USA, opera più importante " La lega degli Irochesi".

La tesi del libro ci impone di restare strettamente sul piano storico-sociologico; perciò, sono stati tralasciati volutamente miti e leggende che pure sfiorano il tema da noi trattato.

Intanto, il mio primo incontro storiograficamente importante è quello avuto con il lavoro di **Johann Jakob Bachofen**[3] (Il Matriarcato. Ricerca sulla ginecocrazia nel mondo antico nei suoi aspetti religiosi e politici). In esso, Bachofen fa alcune asserzioni notevoli, di cui elencherò a mio parere le più importanti:

"1) gli uomini, all'inizio erano vissuti in un commercio sessuale promiscuo; 2) la conseguenza di ciò, fu che la discendenza si poté calcolare solo in linea femminile; 3) da tale situazione prese origine un grande potere femminile".

Sempre lo stesso autore propone di conseguenza una sua spiegazione dell'opera di Eschilo *"L'Orestiade"*:

"È a suo dire, una rappresentazione drammatica della lotta tra il diritto matriarcale, che va a scemare, e il diritto patriarcale che guadagna terreno".

Sulla stessa linea di Bachofen si pone il Lewis Morgan, che scopre, attraverso i suoi studi e ricerche, un qualcosa che ha del clamoroso:

"La "gens" greca e romana, enigma per tutta la storiografia per secoli, ebbe la sua genesi nella gens indiana dei popoli americani!".

Adesso tutto diventa molto più chiaro: lo sviluppo della famiglia deve pegno agli eventi storico-sociali legati ai bisogni dell'uomo. Questo fatto ci permette anche una divisione in stadi temporali, che implicavano caratteristiche etno-sociologiche legate e dipendenti da molteplici fattori: latitudine, clima, flora, fauna, relazioni sociali, ecc.

---

[3] J.J. Bachofen (1815-1887), antropologo svizzero, opera più importante " Il Matriarcato".

Divisione temporale

<u>Periodo selvaggio</u>: fanciullezza degli esseri umani, che vivevano in parte sugli alberi (è una delle prove che gli ha consentito di sopravvivere ai diversi animali feroci e selvaggi?);

<u>Periodo medio</u>: utilizzazione di arnesi, caccia, pesca, ecc.;

<u>Periodo superiore</u>: invenzione dell'arco, nascita dell'artigianato, padronanza della produzione dei mezzi di sostentamento.

Fin qui siamo stati alla periferia del fattore "F" (famiglia), adesso è proprio il caso di introdurlo come merita. La famiglia è certamente il vero elemento fondante e reggitore della società umana ad ogni latitudine. Le tribù indiane generalizzate d'America avevano una caratteristica comune: il matrimonio monogamo, che aveva tratti parentali molto netti:

1) Il matrimonio era facilmente scioglibile da ambo le parti;
2) I nipoti di parte paterna venivano chiamati anche questi figli;
3) I nipoti di parte femminile venivano chiamati nipoti;
4) La donna indiana americana chiamava figli anche i figli delle sue sorelle.

Ho elencato solo una brevissima sintesi dei caratteri distintivi, inerenti alle relazioni familiari presenti nella famiglia indiana d'America; che sono significativi per una lettura rigorosamente scientifica del percorso storico-sociologico che la società umana ha fatto nel tempo e continua a fare.

A riprova di quanto detto, c'è una lettura importante sempre di **Lewis Morgan** che non possiamo ignorare ai fini di una ricerca seria ed onesta:

"La famiglia è un elemento attivo, essa non è mai stazionaria, ma procede da una forma inferiore verso una superiore, nella misura in cui la società si sviluppa da uno stadio inferiore ad uno superiore...mentre i sistemi di parentela sono passivi e solo a lunghi intervalli registrano progressi che la famiglia ha fatto nel corso del tempo e subiscono un mutamento radicale solo allorché la famiglia si è radicalmente cambiata".

Lo studio storico-sociologico della società umana delle origini, ci presenta condizioni in cui gli uomini vivono in poligamia e, contemporaneamente, le loro donne vivono in poliandria, e per conseguenza i figli sono considerati cosa comune a tutti gli altri.

Un qualcosa di simile alla promiscuità sociale e familiare della società degli inizi, lo possiamo trovare nell'orda degli animali. In quest'ultima, vi sono però due fattori che la società umana controlla e legifera: gelosia e forza bruta.

Studi e ricerche hanno definito alla lunga anche il più diffuso modello di famiglia, che la storia ci ha tramandato con prove oggettive: il matrimonio cosiddetto a gruppi, ove interi gruppi di uomini e donne si accoppiavano reciprocamente ed indistintamente.

Con l'evolversi delle condizioni sociali si è anche delineata una filiera tipologica, atta a definire e strutturare i diversi e più importanti modelli di famiglia:

La famiglia consanguinea, primo momento storico-sociale, che vuole la più totale e diffusa mescolanza di relazioni sessuali-affettive;

La famiglia di esclusione prossima, ossia un modello già presente nelle isole del Pacifico (Hawaii), ove debutta per gradi l'esclusione sessuale dei parenti più prossimi ai fini dell'accoppiamento finalizzato alla generazione di prole;

La famiglia di coppia, il modello più avanzato e potremmo dire molto prossimo a noi oggi; è questo il modello ove l'uomo pur avendo altre mogli, comunque ne sceglieva una prediletta (popoli della Mesopotamia e della penisola Arabica).

In buona sostanza, lo sviluppo del modello familiare nella società umana degli inizi è dato dalla costante modifica, se vogliamo, dal restringersi della cerchia entro la quale si consumavano le relazioni intime.

È un dato incontrovertibile un fatto: la donna, nella evoluzione del consorzio familiare, contrariamente a quanto si potrebbe pensare, assume sempre più un ruolo dominante, fino a raggiungere l'apice col modello di famiglia di coppia.

Questo non significa di aver raggiunta la massima emancipazione femminile: molto, tanto, troppo c'è ancora da fare; però, è vero che con il terzo modello non è solo la donna che cambia ruolo ma è l'intero assetto sociale che vira verso altri orizzonti.

Eccoci giunti al quarto ed ultimo modello di famiglia, che la storia ci ha tramandato come diretta emanazione della famiglia di coppia: *la famiglia monogamica.*

Malgrado tale ultimo modello resti il più evoluto, che porterà non poche conquiste alle donne, è pur vero che per molti versi si presenterà anche come una trappola mortale, da cui solo l'uomo ha il diritto di uscire a sua scelta!

Tale modello, nel corso dei secoli, si diffonderà in molte culture e popoli del mondo e sin dall'antichità classica: ci si riferisce a popoli con immensa cultura quali erano Greci e Romani che, malgrado tutto, in diversa misura e maniera, renderanno la donna succube del maschio.

Il dogma maschile, che ancora è presente ai nostri tempi ed in molti stati moderni ed avanzati, si condensava in questa tesi di fondo:

«La dominazione dell'uomo nella famiglia, doveva garantire che la procreazione dei figli avvenisse certa di sangue, con la finalità suprema che

ad ereditare le ricchezze del "pater familias" dovevano essere i figli di sangue".»

Siccome in questa fase del libro la nostra è solo una finestra di taglio storico-sociologico sulla famiglia, è chiaro che a questi modelli di base, se vogliamo arcaici, le mutazioni del tempo hanno consegnato cambiamenti ora positivi ora negativi.

Altro dato storico certo: l'evoluzione in positivo del ruolo della donna nei gruppi sociali di etnia anglo-germanica; peraltro, non può dirsi essere avvenuta la stessa cosa; ove, pur non potendo parlare di involuzione del ruolo femminile, certamente si può sostenere che le modalità e la tempistica della emancipazione femminile hanno avuto caratteristiche quantomeno diverse!

Grazie a Dio, oggi ed almeno nei paesi occidentali, la donna è ritenuta una persona al pari dell'uomo, sia nella definizione giuridica, in riferimento alla globalità dei diritti e dei doveri, che per quanto attiene alla sfera della sua identità di genere. Ma per amore della verità, va anche detto che se molto si è fatto, però tanto c'è ancora da fare!

1.2 - La religione presso i popoli antichi

Il senso della vita, della morte, l'importanza di capire il mondo che ci circonda, mettersi in comunicazione con la divinità, sono stati problemi importanti, come abbiamo già detto nella parte introduttiva, sia per l'uomo del passato che per quello di oggi.

Così, nei secoli, i nostri simili hanno impiegato molte loro energie per cercare di capire e di capirsi, ma anche di dare e darsi risposte. Quello che adesso vogliamo fare insieme è capire quali, e perché l'uomo ha dato certe risposte piuttosto che altre?

Una delle prime cose che l'uomo ha cercato di fare sin dall'antichità, è di capire la sua presenza fisica e la sua lotta per la sopravvivenza come esse andavano organizzate; e semmai ci fosse qualcuno di soprannaturale, come raggiungerlo per averlo amico o almeno non nemico!

La storia, attraverso le prove che ci ha tramandato, ci ha evidenziato tre possibilità risolutive, da un punto di vista strettamente teologico-filosofico: Religione o Religione Naturale, Religione Rivelata o Fede, Ateismo.

Cominciamo col dire che parliamo di Religione o Religione Naturale quando l'uomo, con la finalità di cercare una risposta ad interrogativi primari di fondo inerenti la sua esistenza, riconosce l'esistenza di un qualcosa a lui superiore pensando di incontrarlo nelle forze naturali: fuoco, acqua, vento, animali feroci, ecc.

Col tempo, i nostri antenati capirono anche che tali forze gli permettevano di vivere, e pensarono quindi che probabilmente fossero anche alla base della loro esistenza. Codeste riflessioni portarono un po' alla volta a pensare di "deificare", cioè rendere dèi, codesti fenomeni naturali; così prese piede la cosiddetta *Religione Naturale*, in cui le forze della natura vengono messe al rango di divinità perché ritenute dall'evidenza necessarie e superiori all'uomo.

Oggi, la sociologia delle religioni ci dice che le religioni più antiche accettano tutte l'esistenza di un Essere Superiore, considerato Creatore, Padre e Giudice di tutte le azioni degli uomini. Così, il nome della divinità è espressione di valori importanti: Altissimo, Creatore, Colui che abita il cielo. Insomma, Egli è buono e Giusto: il suo nome deve pronunciarsi con rispetto e timore.

Queste notizie ci dicono anche un'altra cosa: le religioni più antiche hanno moltissimi punti in comune, ma non per questo sono tutte uguali. Ce ne sono che credono all'esistenza di molti dèi (politeiste), mentre altre credono ad un solo dio (monoteiste); ma ce ne sono altre che personificano la divinità (antropomorfismo), ecc. Tutte queste forme di credenza nel divino portano con esse anche strutture di pensiero e di modalità di esercizio di culto disparate: alcuni pensano che Dio stesso abbia già risposto, parlato agli uomini e dicendo loro di Lui e del senso della vita. Questa parola o risposta, se vogliamo, la chiamano Rivelazione.

Ma Dio si è già rivelato? Molti uomini, nel corso della storia, hanno creduto a questa o a quella rivelazione di Dio, a questa o a quella fede e religione. Ma chi ha ragione? Tutti coloro che hanno parlato di Dio hanno detto la verità? Meritano la nostra fiducia?

Un modo sostanziale per capire dove trovare una risposta seria c'è, e qui a seguire, vorrei dare degli elementi valutativi comunque derivanti da modelli storico-sociologici oggettivi:
1. Quando si parla di Dio con senso e non con superficialità;
2. Riportare con prove storico-sociologiche, l'annuncio di una rivelazione di Dio;
3. Esistenza di testimoni degni di fede;
4. Elementi inconfutabili di comunicazione con Dio;
5. Riconoscere che gli uomini dipendono da Dio;
6. Impegno nella società secolare oltre ogni differenza, con atti di amore coerenti e gratuiti per il bene comune.

Delle tre possibili risposte al senso della vita, una l'abbiamo già data: concerneva la religiosità naturale; siamo alla seconda, quella inerente alla *fede e la religione rivelata.*

Fede vuol dire aprirsi all'incontro personale con Dio, che si è rivelato nella dimensione dell'umano agire, e accettarne una risposta alle domande che angustiano la nostra esistenza. Quindi, avere fede significa, in ultima analisi, riconoscere Dio che si manifesta, si rivela, svelandosi all'uomo, significando così che è Egli a prendere l'iniziativa dell'incontro.

Ma ci potremmo chiedere come faccia Dio a rivelarsi a noi umani. Egli, nella sua sapienza e libertà infinita, può decidere di servirsi di un intermediario, un uomo od anche una creatura celeste, che debba comunicare un messaggio divino. Nella normalità dei casi, allorquando è un essere umano ad essere scelto per tale compito, esso viene chiamato "profeta"[4]. È ovvio che le vie del Signore sono infinite: perciò Dio parla attraverso la natura, la storia, le persone, la scienza, ecc.

Legittime sono ancora altre domande: come fanno gli uomini ad essere certi di quella rivelazione? Che cosa dice Dio agli uomini? In relazione alla prima: Dio offre svariati segni tangibili, nella storia e senza ombra di dubbio, perché Dio non mente né inganna!

La seconda risposta è questa: Dio si rivela, si spiega e spiega all'uomo la strada e le modalità per vivere una vita serena ed esuberante, sia pure reale ma che meni ad un rapporto certo ed assoluto con Lui.

Siamo così giunti alla terza risposta sul senso della vita, che è *l'ateismo*. Riguarda quegli uomini che pensano di poter dare una spiegazione sufficiente a tutti i problemi esistenziali, appellandosi alla sola loro intelligenza, pervenendo così alla negazione assoluta di ogni essere soprannaturale.

È quindi l'uomo e soltanto lui ad essere l'artefice della propria esistenza. Con il sopraggiungere della morte, ritenuta un elemento naturale, si esaurisce la vita dell'uomo e non ne esiste una continuazione. È qui proprio il caso di passare brevemente in rassegna quelle che furono le riflessioni e le aspettative dei popoli antichi in riferimento al dramma umano per antonomasia: la morte!

---

[4] G. Vigini (1946-vivente), critico letterario," Dizionario della Bibbia ", Editrice Vaticana 2016.

In Egitto

Coloro che ci hanno tramandato molto materiale su questa antica civiltà, sono stati senza dubbio alcuno Erodoto[5] e Plutarco[6], le di cui Opere restano ancora basilari fino all'arrivo di Napoleone.

Infatti, con la spedizione napoleonica in Egitto del 1798, abbiamo potuto decifrare la celebre iscrizione bilingue della "pietra di Rosetta", grazie allo scienziato francese Champollion[7], e così apprendere direttamente dai testi originali tutta la storia dell'Egitto antico. Per cominciare, gli Egizi vivevano e morivano per il loro faraone, che riuniva in sé il sacro ed il profano. Faremmo molta fatica a cercare di comprendere la religione egizia, senza capire il mito di Osiride ed Horus:

"Osiride, antichissimo re, viene fatto a pezzi dal fratello Seth; i pezzi dispersi del corpo vengono cercati, ritrovati e riuniti dalla sorella-sposa di Osiride, Iside, che concepisce dal dio morto un figlio, Horus; questi vendicherà in seguito il padre, vincendo Seth, e gli succederà nel regno, mentre Osiride regnerà sui morti. Quello che dobbiamo sapere è che ogni re morto veniva identificato con Osiride, mentre ogni re nuovo succedeva al suo predecessore come Horus a suo padre" (Plutarco).

Gli Egizi intuirono che l'uomo poteva continuare a vivere dopo la morte, anche in modo diverso. Ci fu un tempo dove questo popolo pensò che una continuità, dopo la morte, fosse prerogativa dei Faraoni. Successivamente, la casta sacerdotale riconobbe tale possibilità ai nobili, poi si giunse a doverla ritenere generalizzata a tutti i sudditi.

---

[5] G. Grote (1794-1871), storico inglese, opera più importante "La storia della Grecia: dal tempo di Solone al 403".

[6] G. Grote (1794-1871), storico inglese, opera più importante "La storia della Grecia: dal tempo di Solone al 403".

[7] J.F. Champollion (1790-1832) archeologo ed egittologo francese, decifrò i Geroglifici Egizi.

Questo popolo, nei contenuti religiosi, riteneva che l'uomo potesse avere accesso al Regno dei Morti attraverso l'uso delle arti magiche, che altro non era se non una commistione di riti e preghiere. Ovviamente, alla base di tale tesi, c'era la necessità di poter conservare il proprio corpo fisico: ecco spiegata la mummificazione dei defunti. Solo così il re-dio Osiride, permetteva l'accesso al Regno dei Morti.

Gli Egizi distinguevano il "Ka" (forza vitale) ed il "Ba" (una energia indipendente dal corpo). Era il "Ka" che doveva compiere una serie di prove da superare; al termine del percorso compariva alla presenza di Osiride e del suo Tribunale, ove doveva confessare senza remore il bene ed il male compiuto in vita.

In India

Passiamo agli scritti ed al pensiero più antico dell'India, il Vedismo[8]: una delle più grandi religioni politeiste. Tale religione conta in India un numero enorme di seguaci. Non vi sono notizie storiche certe, per quanto attiene al fondatore di codesta fede religiosa: con ogni probabilità si pensa siano stati poeti e uomini di cultura che vissero in India tra il II ed il I sec. avanti Cristo.

Le dottrine di costoro furono tramandate oralmente per diversi secoli, per poi essere messe per iscritto in sanscrito tra il 1500 ed il 1200 a.C., per l'appunto chiamati "Veda" (sapere). Gli studi di linguistica hanno dimostrato che è opportuno dividere il ceppo linguistico indiano in due matrici: indo-iranico ed indo-europeo.

---

[8] Dal Vocabolario Treccani: cultura, religione e pensiero delle popolazioni Arie dell'India nella fase più antica.

Per restare ai testi Veda: si tratta di libri sacri pieni di eccellente poesia, ma ove manca del tutto una Rivelazione divina nel senso stretto del termine. Nelle Upanisad (riflessioni) vi si trova scritto della esistenza di un qualcosa di divino, meglio detto Brahman, ossia l'anima dell'universo che è immutabile. Sempre a detta dei Veda: il mondo esiste perché c'è il Brahman, e l'intero universo è esso stesso tale.

In riferimento all'uomo, ci viene detto che in lui vive l'Atman (la nostra anima), vale a dire la scintilla spirituale del Brahman.

Questi testi riportano che ogni essere vivente è soggetto al samsara o trasmigrazione delle anime; questo significa che ogni individuo ha la possibilità, dopo la morte, di incarnarsi nuovamente in un altro essere vivente.

Colui che volesse sfuggire, al perpetrarsi del ciclo delle reincarnazioni, avrebbe da comportarsi da asceta: attraverso meditazione, preghiere e rinunce, dovrebbe riuscire a fondere la propria Atman con il Brahman universale.

Codesta liberazione (Moksha) si può raggiungere per mezzo di enormi sacrifici, ma se c'è un contenuto di particolare interesse, questo è dato dal finalizzare ogni azione nella società umana per puro amore di Dio (Bhakti). È questa una religione in cui il bisogno dell'uomo di incontrare Dio è basico nell'amore verso il prossimo.

È importante sapere che la religione vedica venne praticata soprattutto dal popolo degli Arii, giunto nella Valle dell'Indo intorno al 1600 a.C. L'altare sacro nel tempio Veda si caratterizza per la contemporanea presenza di tre fuochi: il primo per gli dèi, il secondo per significare il fuoco sacro da tenersi in ogni casa, il terzo è deputato a tenere lontano gli spiriti malefici.

Restando ancora in India, diciamo che mentre cominciava a diffondersi il Buddhismo[9], il Vedismo si avviava verso una revisione critica interna: nasceva così l'Induismo o pure conosciuto come Brahmanesimo.

Tale religione riformata e figlia del Vedismo scelse di adorare solo tre divinità della miriade che il Vedismo offriva: Brahma, Shiva e Visnu.

Il primo personifica la forza vitale dell'universo, che mette ordine a tutte le energie; il secondo è il distruttore di tutto e nel contempo il rigeneratore di ogni cosa; Visnu è colui che tiene in vita ogni cosa e protegge la creazione ed è solito incarnarsi in un eroe salvatore, che può essere il Rama, il Krishna o Budda di turno.

L'universo è così retto dalla Trimurti (se vogliamo trinità). Ma se vogliamo, per gli elementi oggettivi di valutazione sul conto di una religione, l'induismo perde terreno sul piano della credibilità, allorquando concepisce nella stratificazione ed organizzazione sociale le classi: ne concepisce una "i paria" che sono chiaramente definiti "intoccabili"! A te che leggi, ogni conclusione.

Siamo ancora in India e non potevamo omettere la più diffusa religione di questo Paese, su cui ritorneremo ancora nell'ultimo capitolo per un'analisi storiografico-scientifica. Si tratta del Buddismo, fondato da Siddharta Buddha (l'illuminato). Buddha nacque nel nord dell'India a Kapilavastu nel 560 a. C., egli non parlò mai di Dio: fu un semplice uomo di pensiero, volle esporre il suo pensiero sulla sofferenza umana e come abolire tale dolore.

Secondo questo pensatore, la causa di ogni sofferenza è depositata nella ricerca spasmodica di onori, denaro, fama, ecc.

---

[9] Dall'Enciclopedia Treccani: disciplina spirituale fondata da Buddha, vissuto nell'India nord-orientale, fra il 6° e 5° sec. a.C.

L'unico modo per spezzare la catena di sofferenze e raggiungere il Nirvana (annullamento), consiste nel praticare le seguenti otto virtù, rappresentate dalla sacra ruota ad otto bracci:

1. La giusta opinione;
2. La giusta decisione;
3. La giusta parola;
4. La corretta azione;
5. Il giusto sforzo;
6. La corretta vita;
7. La corretta riflessione;
8. La corretta concentrazione mentale.

In Cina

Non poteva mancare, alla nostra breve rassegna delle religioni presso i popoli antichi, il maestro del pensiero cinese più classico: Confucio[10].

In cinese Kung-fu-tzu, visse dal 551 al 479 a.C. in Cina. Credo di poter dire senza dubbio alcuno che pochi in Europa e nel mondo ignorino di chi possa trattarsi. Questo pensatore cinese accettò la religione del cielo (Tien), che è giunta a nostra conoscenza attraverso il suo libro "I discorsi di Kung-fu-tzu". Nel pensiero di Confucio c'erano due concetti di base: adorare ed onorare i defunti; vivere una vita equilibrata attraverso l'amore ed il rispetto per il prossimo che il "Dio del Cielo" chiede a tutti gli uomini. Confucio non si è mai presentato o definito ambasciatore di chicchessia divinità, ma solo ascoltatore della propria coscienza di uomo.

---

[10] Dall' Enciclopedia Treccani: filosofo e pensatore cinese (551-479), in cinese: Kung-fu-tzu.

In Grecia

I protagonisti dei miti religiosi greci non sono esclusivamente gli dèi, ma anche altre tipologie di esseri sovrumani, tra i quali sono molto considerati gli "eroi".

Nella religione antropomorfa greca si ritrovano quasi del tutto, a volte rielaborate, le credenze mitologiche di altri popoli precursori. Una caratteristica marcata della religione in Grecia antica era il fatto che ogni città-stato aveva il suo apparato religioso.

Come spesso accade, ogni apparato liturgico-religioso si fonda su di un mito. E nemmeno la Grecia sfugge a ciò, ed Omero in un suo cantico ce ne dà notizia:

"Il bambino Hermes, nasce da Zeus (capo degli dèi greci) e dalla ninfa Maia; nasce in una grotta, si alza per uscire ma, trova una tartaruga ad ostruirgli l'uscita; Hermes la uccide e col guscio fabbrica la prima lira per suonare; poi mentre si avvia presso l'Olimpo degli dèi, inventa il fuoco ed i sacrifici".

A Roma

Anche a Roma la religione[11] ebbe un carattere antropomorfo, perché fu presa pari pari dalla Grecia; e cambiando, nella sostanza, solo i nomi alle divinità (Zeus = Iupiter, ecc.) titolandole ovviamente in latino, le assorbe. Questo avviene in un processo di sincretismo religioso eccellente. Infatti, il complesso liturgico-religioso greco è innestato egregiamente sulle fondamenta mitologiche etrusche.

C'è però un passaggio importante in riferimento alla Religione dei Romani: Roma non assimilò mai dalla religione

---

[11] Gianluca De Santis (1973 - vivente), scrittore italiano, opera " La religione a Roma ", Edizioni Carocci 2012.

greca il sacerdozio; una vera creazione originale di Roma. A tal proposito, va fatta una specificazione: ve ne erano diversi e molto quotati, tra i più importanti c'erano il pontifex (esperti della religione in genere), le vestales e gli augures.

In Israele

Una delle esperienze religiose dei diversi consorzi sociali umani, senza dubbio, trova nel popolo di Israele il miglior attore.

I Patriarchi sanno di aver fatto esperienza personale di Dio. Fu questa la ragione per la quale lasciarono la loro terra di origine (Mesopotamia), onde recarsi in una terra straniera e sconosciuta: Canaan. C'era alla base di tale umano "folle" progetto una promessa: avere una grande discendenza ed un paese. È questo il periodo storico ove videro la nascita le tradizioni riportate dalla Bibbia, dai capitoli 12 a 50 della Genesi, che narrano anche del diluvio.

Poi vennero le generazioni che scesero in Egitto, sempre miranti alla realizzazione delle promesse fatte ai padri. Siamo così arrivati all'epoca storica di Mosè[12] e Giosuè, dove il popolo sperimentò l'esperienza delle dodici tribù e firmò il Patto con l'Iddio Unico ed Eterno, che si era rivelato ad Abramo prima ed a Mosè poi. Con tale Patto questo popolo veniva scelto da Dio, non per meriti propri ma per semplice imposizione divina, a suo rappresentante presso tutti i popoli del mondo e comunicare loro quest'unico precetto: non c'era altro Dio fuori di JHWH.

Il popolo di Israele riconosceva come suo capostipite l'antenato Abramo. I suoi padri avevano abitato in Ur, città sumera molto importante. Il padre di Abramo, Terah, si era trasferito ad Harran, nel nord della Siria; qui, Abramo aveva

---

[12] Dalla Bibbia ebraica (Tànakh): Moshé, il più grande dei profeti.

vissuto molti anni ed era perciò ormai vecchio abbastanza quando il Signore Iddio gli si manifestò e propose di partire per la terra di Canaan. Una proposta umanamente incomprensibile, visto che Abramo non mancava di nulla! Eppure, Abramo decise di aver fiducia in Dio: con tutto ciò che possedeva, ma abbandonando in parte il suo patrimonio al suo parentado, partì, abbandonando Harran, dando inizio alla storia d'Israele.

La tradizione biblica, ci dice che la nascita di Isacco fu il primo grande segno della fedeltà di JHWH. Il resto della storia lo si conosce molto bene, e vorrei tralasciarlo proprio per restare fedele al taglio del testo, che certamente non è prettamente di storia.

La Penisola Arabica

Terra di origine della seconda più estesa religione monoteistica del mondo: l'Islam. Il significato di questa parola (sottomissione) è anch'esso a conoscenza di tutti, soprattutto se si pensa agli ultimi eventi della nostra storia contemporanea.

Il fondatore e profeta dell'Islam fu **Maometto**[13], del quale riparleremo in una prospettiva storico-scientifica nell'ultimo capitolo. Questi, per appunto, nato a La Mecca intorno al 570 d.C., apparteneva ad un'antica famiglia di mercanti. Rimasto presto orfano, fu affidato alle cure dei parenti prossimi. Per lavoro e per conto della mercantessa Khadigia, viaggiò molto in Arabia, così da poter osservare tante cose negative, e di grande aiuto nelle sue riflessioni teologiche gli furono le comunità ebraiche e cristiane ivi stanziate.

---

[13] Dal Corano, testo sacro dell'Islam: Maometto, il profeta che ricevette il " Corano " dall'arcangelo Gabriele.

Profondamente religioso, dopo aver sposato Khadigia, sentì la chiamata profetica. Molti interessati al suo verbo lo seguirono con zelo ma, i ricchi mercanti di La Mecca lo osteggiarono non poco. Ma alla fine Maometto ne uscì vittorioso e, da Medina dove si era rifugiato, rientrò a La Mecca.

Intanto, l'Islam cresceva e si espandeva anche con mezzi militari e violenze di ogni genere.

Codesta religione predica che il fedele di Dio (Allah) si chiama musulmano (sottomesso) ed ha da vivere i seguenti precetti:

1. Riconoscere che esiste un solo Dio (Allah);
2. Riconoscere che Maometto è il suo profeta;
3. Pregare Dio cinque volte al giorno;
4. Digiunare durante il mese di Ramadam;
5. Almeno una volta nella vita, recarsi in pellegrinaggio alla Mecca;
6. Rispettare le leggi di Allah scritte nel testo sacro che è il Corano.

Senza azzardare semplificazioni tali da essere lette offensive, è filologicamente dimostrato che dal Corano si evince anche la possibilità che il musulmano possa ricorrere alla guerra santa contro l'infedele (chiunque non professi l'Islam!): sentimento, ad onor del vero, oggi piuttosto radicato che ai primordi della genesi della religione islamica.

Per il fedele musulmano è la moschea il luogo di culto: ci si mette in ginocchio in uno stato veramente di sottomissione a Dio; affiancata alla moschea, c'è una torre chiamata minareto, da dove il muezzin (colui che annuncia) chiama alla preghiera per cinque volte in un giorno. La fede di Maometto non parla né di sacerdoti né di sacrificio, al più dii maestri o guide spirituali: il vero culto in onore di Allah è la buona condotta dell'uomo, la sua sottomissione a Dio e la sua preghiera. Credo che una tale fede, nulla avendo in comune con gli attuali fondamentalismi terroristico-religiosi, meriti il nostro rispetto e riguardo.

1.3 – La nascita dello Stato

Per ben capire i contenuti del presente paragrafo, non possiamo non partire da una verità che non ho difficoltà a definire assiomatica, che fa da sfondo all'intero quadro: " *Lo Stato, nascendo fondamentalmente dal bisogno di tenere a freno gli antagonismi di classe, ed essendo nato esso stesso da cotali antagonismi, è per conseguenza lo Stato voluto dalla classe dominante!*

È fuor di dubbio che lo Stato, inteso come embrione di quello che si andrà a delineare dal XV secolo al XIX, ha cominciato la sua genesi nelle civiltà classiche europee di Atene e di Roma.

Qui, per ovvi motivi di tempo, non farò una esposizione di quella che è stata la strutturazione dello Stato nell'età classica; semplicemente, porrò la mia attenzione sullo stadio ultimo: il cosiddetto Stato di diritto, che nasce in Europa nel corso del 1800, come fermento epidemico internazionale del più importante e globale consorzio umano.

Volendo solo rintracciare le impronte classiche, diciamo che Atene lo definiva "polis", volendo con ciò anche intendere la dimensione circoscritta e cittadina di questa unione di persone. Roma lo intese e definì "res publica", per significare la scelta e la volontà di autogovernarsi di un insieme di cittadini. Ecco, in queste poche righe, non ho voluto semplificare il grande patrimonio prodotto dalle due massime civiltà classiche, al cospetto del fenomeno Stato. Al contrario, l'argomento meriterebbe essere trattato con un intero libro monotematico.

Perciò, ritornando alla definizione e concezione dello Stato moderno, cerchiamo di darne le coordinate perimetrali e strutturali che lo delineano: è inteso come Entità giuridica definita nel tempo, che governa ed esercita un potere di sovranità su un determinato territorio e sui soggetti a esso appartenenti.

Ovviamente, ciò si sviluppa conseguentemente ad una delega di trasmissione della responsabilità sulla propria esistenza umana (per mezzo del voto).

- *Elementi caratterizzanti lo Stato:*
- Il territorio;
- I cittadini;
- Un <u>ordinamento politico</u> e un <u>ordinamento giuridico</u>, insieme di norme giuridiche che regolano la vita dei cittadini.

Come abbiamo anticipato poc'anzi, dal punto di vista storico, si è affermato in Europa tra il <u>XIII</u> ed il <u>XIV secolo</u>, grazie ad alcuni eventi quali la <u>guerra dei cent'anni</u>, malgrado in Cina in pari epoca si avviavano a nascere i primi imperi.

Inteso nel senso moderno del termine, è il XIX secolo che ne vede la proliferazione estesa, soprattutto con l'arrivo di Napoleone. La sua genesi è graduale, attraverso un progressivo accentramento del potere e della territorialità. Infatti, scompaiono i frammentati sistemi feudali e pure la <u>Chiesa</u> si adatta alla nuova Entità politica chiamata Stato. Ovviamente, tale nuova forma di potere globale e centralizzato si connota di caratteristiche particolari, che diventeranno il paradigma per molti fino ad arrivare a resistere al tempo: una forza militare tramite le <u>forze armate</u>

regolari con <u>servizio militare</u> per legge, un apparato <u>burocratico</u>, di <u>polizia</u>. Lo Stato decide di battere moneta propria, così da detenere anche il potere economico come sua prerogativa.

Come abbiamo già dato cenno, il "la" di decollo lanciato lo offre la Rivoluzione francese: nasce con essa lo Stato democratico, che poggia le sue basi sullo <u>stato di diritto</u>, poiché il bisogno di legittimazione del potere centrale necessita lo sviluppo di un consenso possibile solo trasformando i sudditi in cittadini.

Così, man mano che le strutture ed i modelli dell'Europa medievale si vanno a sgretolare, si sviluppa e delinea questa Entità politica che invaderà il pianeta.

Ovviamente, non che lo Stato moderno cancelli le monarchie, che pure sono ancora oggi forme di Stato, piuttosto le spinge a rivedersi alla luce dei tempi nuovi: una società le cui masse di popoli non sono più quelle del Medioevo ma avanzano istanze impellenti. Tale processo si accompagna a quello dell'emergere di due nuovi fattori storici: 1) la borghesia; 2) le guerre di religione, che si sono trasformate in guerre civili. Per conseguenza, si ebbero due risultati immediati ed evidenti:

1. Il potere, in senso lato, capì di potersi staccare dalla Chiesa;
2. Ai potenti fece molto comodo la nuova strutturazione per detenere il potere.

Andando avanti nella nostra esposizione inerente lo Stato, è importante tracciare nelle varie fasi del suo sviluppo, i diversi significati dei complementi semantici che lo connotano:

- _Stato-comunità_: è il popolo stanziato su un territorio definito;
- _Stato-apparato_: il potere centrale sovrano, stabile nel tempo e impersonale;
- _Stato sovrano_: lo Stato è superiore a ogni altro soggetto entro i suoi confini, è indipendente e sovrano.

Lo Stato come Entità è inteso dalla scienza e dal diritto, come Entità autonoma, gerarchizzata e non subordinata a nessun organo nei suoi confini geo-giuridici, secondo il proprio diritto ma anche quello internazionale.

Purtroppo, con l'evoluzione dei tempi e la globalizzazione dei processi economici, ancora in atto, tale concezione entra in crisi per un fattore imprevisto ed imprevedibile: tutti gli Stati sono, a volte loro malgrado, legati economicamente in modo indissolubile.

Questo significa che degli organismi sovrastatali, due su tutti, quali il Fondo monetario internazionale e la Banca centrale europea sono lì a dettare l'economia di un Paese piuttosto che un altro. A tal proposito, è eclatante il caos che questi due Organismi monetari sovranazionali stanno creando in Grecia, e non solo, ai nostri giorni. Ma questa è un'altra storia!

Dopo questo breve inciso, ritorniamo agli studiosi che hanno dedicato maggiori energie alla trattazione del tema stato.

Il sociologo-filosofo americano **Max Weber**[14] sostiene che per Stato si debba intendere «un'impresa istituzionale di carattere politico, in cui l'apparato amministrativo avanza con successo, una pretesa di monopolio della coercizione

---

[14] Max Weber (1864 – 1920), sociologo e filosofo tedesco-americano, opera più conosciuta " Etica protestante ".

della forza legittima in vista dell'attuazione degli ordinamenti.»

Dal canto suo, l'inglese **Hobbes**[15] ci rende edotti con tale affermazione: «Lo Stato rappresenta l'istanza unitaria e sovrana di neutralizzazione dei conflitti sociali e religiosi attraverso l'esercizio di una *summa potestas*, espressa attraverso la forma astratta e universale della legge, che si legittima in base al mandato di autorizzazione degli individui, in cui si realizza il meccanismo della rappresentanza politica; i cittadini, si trovano infatti in quella fase prepolitica che è definita come *stato di natura* e il sovrano svolge un ruolo "rappresentativo" unificando in sé la "moltitudine dispersa".»

In definitiva, sia gli studiosi stranieri che quelli italiani concordano su molti tratti dello Stato moderno, che ne hanno tracciato la nascita e lo sviluppo con le diverse versioni tipologiche:

1. *Lo Stato Unitario*: si basa su un centro molto forte che detiene il potere politico, amministrandolo in maniera omogenea e indifferenziata su tutto il territorio statale;
2. *Lo Stato di unione*: nasce sulla base di incorporazione di territori partendo da diverse dinastie, come i matrimoni, eredità o veri e propri trattati, unendo così anche i loro regni, dando vita ad una nuova entità statale;
3. *Lo Stato Federalista*: esiste un centro aggregatore, che tramite conquista o aggregazione di parti che costituivano le precedenti entità statali dà vita al nuovo stato.

Lo Stato Unitario e quello Federalista sono frutto di un processo che "parte dall'alto", e che si realizza in un

---

[15] T. Hobbes (1588 – 1679), filosofo e matematico inglese, opera più conosciuta " De cive ".

centro aggregatore; lo Stato di unione, invece, è frutto di un processo che "parte dal basso". A questi elementi, senza dimenticare la regola di base che ho riportato ad inizio capitolo, dobbiamo aggiungere le guerre civili e tra Stati con le conseguenti disgregazioni; la conclusione è il quadro organico di come nascono gli Stati.

4. *Lo Stato assoluto*: caratteristica fondamentale dello Stato assoluto è la concentrazione della sovranità: nella persona del Re o del Monarca; lo Stato nazionale è nato come Stato Assoluto (totalitarismo).

5. *Lo Stato di diritto*: è la forma di Stato da cui derivano gli stati moderni democratici: si fonda sul riconoscimento dei diritti dei cittadini e nasce con la Rivoluzione francese e l'emanazione della Dichiarazione dei diritti dell'uomo e del cittadino. Nascerà da qui lo Stato liberale come garante di tali diritti con l'affermazione anche della separazione dei poteri e dello stato sociale.

6. *Lo Stato socialista*: da Marx apprendiamo che:
"Lo Stato è destinato a estinguersi, quando sarà completato il passaggio alla nuova società comunista, strumento superfluo di oppressione di classe in una società dove le classi sociali stesse si sono estinte. Anche nel periodo di transizione lo Stato è, per il comunismo, sempre classista, strumento autoritario per esercitare il potere politico di una classe dominante. Nel caso del periodo post-rivoluzionario, tale classe è il proletariato che esercitò il suo potere politico contro la classe borghese e i residui delle altre classi reazionarie".

Secondo il comunismo, è certa la inevitabilità di spezzare lo Stato borghese con la violenza e l'autorità della rivoluzione e delle sue conseguenze Lenin affermava: *"Lo Stato borghese non muore, ma è annientato dal proletariato nel corso della rivoluzione...".*

7. _Lo Stato fascista_: siamo arrivati al modello totalitario di estrema destra: lo Stato fascista. È uno Stato totalitario (dittatura unitaria), in quanto il potere politico è concentrato nelle mani di un solo partito, che normalmente è sotto il controllo di un solo uomo (Mussolini in Italia), che assunse il controllo di tutti i settori della vita nazionale. Nel caso italiano, si sviluppò a partire dal rifiuto della concezione liberal-democratica, che riduce lo Stato a mero garante degli interessi particolaristici, affermandone invece la preminenza morale: "Lo Stato è un assoluto, mentre gruppi e individui sono il relativo; gruppi e individui sono pensabili solo all'interno dello Stato."

Ovviamente, in questo modello totalitario ed assoluto, non c'è spazio per elezioni democratiche o libertà civili e politiche; la stampa è di regime alla stessa maniera dei sindacati. I lavoratori sono inquadrati in un sindacato unico, controllato dal governo e lo sciopero non può essere previsto. Ai nostri giorni si intende considerare concettualmente ed in politologia come Stato Moderno, uno stato democratico regolato da una Costituzione e dal diritto secondo il principio-dogma di separazione dei poteri: il Capo dello Stato, che ne è il garante unitario; il potere amministrativo (parlamento eletto democraticamente); un governo centrale, che gestisce il potere esecutivo attraverso le decisioni politiche e con la magistratura che esercita il potere giudiziario. Appartengono a questa forma di Stato la Repubblica Parlamentare, la Repubblica Presidenziale, la Repubblica semipresidenziale e la Monarchia parlamentare.

Volendo concludere questo capitolo sullo Stato, con una breve nota conclusiva, diciamo che: lo Stato è lo stesso individuo nella sua universalità; ciò significa che gli compete la stessa moralità ed etica del singolo individuo, che lo compone e lo ha determinato; questo dovrebbe essere un dogma di base, visto che lo è certamente agli occhi di Dio, che come ci dice in Atti 17, è Lui a determinarne epoche e confini!

Uno Stato, in definitiva, può formarsi in tre modi:
- Unificazione ed espansionismo ad opera di un centro;
- Unione ad opera di diverse entità separate;
- Disgregazione di precedenti entità politiche.

CAPITOLO II

La costruzione del pensiero filosofico umano

2.1 Il contributo greco

Cominciamo subito con la domanda delle domande sulla filosofia: *ma che cosa è la filosofia?*[16]

La maggior parte degli esseri umani, di fronte ad un'opera d'arte o a qualsivoglia altra opera, sia essa dell'uomo o esistente in natura, hanno certamente esclamato: *come è bella!*

Però, è altrettanto vero che tanti altri umani abbiano potuto esclamare emozioni, o enunciarle perfettamente contrarie alle prime. Ecco qui! Questo atteggiamento differenziato degli esseri umani, al cospetto di una realtà estetica o fenomenologica umana, mette in scena la filosofia e precisamente una delle sue branche: l'estetica.

Quindi, se l'uomo si interroga al cospetto della bellezza, lo fa anche verso altre categorie del vivere umano: morale, dovere, piacere, verità, ecc.

Per completare la mia risposta, ho piacere qui di darne anche una organizzazione dei contenuti, e perciò concludo dicendo che la filosofia è:

consapevole rapporto di sé con sé; analisi della propria condizione umana. Ed alla fine, serietà meditata del conoscerci, e conoscere in definitiva la migliore strada per l'assolvimento del nostro percorso di vita fino all'ultimo dei nostri giorni!

---

[16] Da Wikipedia, "Filosofia", significa: amore per la sapienza.

Quanto esposto fin qui è la funzione e l'essenza della filosofia, che ci ha anche svelato, nel contempo, una verità assoluta: l'evento del conoscere attraverso i nostri sensi, relazionandosi con la realtà tangibile, se entra in "matrimonio" stretto con la nostra natura consapevole e di auto-consapevolezza, ci rende nota una verità certa, sia pure limitata al nostro mondo!

Da questo momento, il nostro "viaggio" comincia a diventare sempre più filosofico, ed è un cammino che faremo nella filosofia e per mezzo di essa, a riprova che questa meravigliosa facoltà insita nella mente umana è un tale portento dono che dovrebbe essere usato per due fondamentali finalità, almeno da coloro che credono in Dio:

1. Alla gloria di Dio;
2. Per il bene del prossimo.

Il percorso è ovviamente riferito al supporto che la filosofia ha dato anche al Cristianesimo nascente; a tal proposito, talvolta, ha dovuto dirimere confusi ed angosciosi problemi teologici, spesso frutto di egoismi, orgoglio, simonia, presunzione, mancanza di umiltà ed ignoranza.

Qui credo mi corra l'obbligo, come filosofo, storico e teologo, di ringraziare Dio innanzitutto per aver creato l'uomo a sua immagine: filosofi e gli uomini di pensiero in genere, che ebbero ad intraprendere quella che la Bibbia definisce "strada della salvezza" tesa alla conoscenza di Dio (Lettera ai Romani cap.1), ma anche alla sua contemplazione (Blaise Pascal).

Si badi bene, qui stiamo parlando della sana filosofia, quella che ha organizzato e strutturata la Chiesa degli inizi, aiutandola a demolire le varie idolatrie che imperversavano ovunque nell'Impero.Per quella filosofia siamo pronti a scrivere e dare non una, ma mille e mille prove di utilità, semplicemente per amore della verità! Penso sia risultato chiaro che, con la nostra esposizione, si è voluto dare ragione di quelle idee che, nate dalla filosofia greca, sono poi state intercettate dal Cristianesimo nella storia, aiutandolo e mai essendogli stato di nocumento. Semmai, è vero il fatto che qualche uomo o degli uomini in mala fede hanno ritenuto di dover nuocere alla filosofia!

Però, per poter capire bene il contenuto concettuale e strumentale che la filosofia ha sempre avuto come caratteristica, è quantomeno opportuno apprenderne la genesi ed il suo divenire storico, che si riconoscerà essere, ad un certo punto, la storia stessa in parte del Cristianesimo. A tal fine, vorrei riportare due dati scientificamente certi, che faranno da presupposti alla comprensione della filosofia ed al perché questa ad un certo punto si è incontrata col Cristianesimo: *1) È tacito che, la civiltà che ha raggiunto le più alte vette del pensiero puramente speculativo è stata quella della Grecia antica; 2) Altro dato altrettanto certo è: l' antesignano del pensiero speculativo greco è il misto culturale caldeo-egizio!*

Rubricazione storico-sociologica doverosa, e da essa ripartiamo per sviluppare le nostre argomentazioni a supporto della tesi del libro.

Quindi, dal punto di vista di una grande strutturazione ed ordinamento di pensiero speculativo, tutto cominciò nella Grecia antica dopo la grande crisi, qualificata dagli storici come "invasione dorica": siamo tra l'VIII ed il VII secolo a. C.

Da quel momento, le popolazioni greche si avventurano alla ricerca di nuove terre. Così, cominciarono a fermarsi a

Mileto i primi grandi sapienti chiamati Presocratici[17]: Talete, Anassimandro, Anassimene, ecc. Costoro iniziarono una riflessione tanto semplice quanto irta di ostacoli, considerando i tanti contenuti. Partirono ponendosi la domanda: *ma l'universo ha un'origine in un principio unico o no?*

È chiaro che questi antichi sapienti, nel loro investigare, erano in un certo senso degli archeologi: infatti, l'etimologia del termine "archeologia" indica lo studio di ciò che è ad inizio. Questo atteggiamento suscita in noi una riflessione, che però non tratteremo certamente qui: in ebraico "bereshit" (in principio), viene tradotto in greco (en arché)! Questo, solo per notare delle affinità di pensiero tra uomini di diversa cultura, ubicati per giunta a diverse latitudini!

Talete

Nacque verso la fine del VII secolo a.C. da un tale Examyes e da una donna di nome Cleobulina, di origini greche; tutte notizie che ci hanno tramandato Erodoto e Diogene Laerte.

"... perché ciò da cui tutte le cose hanno l'essere, questo è il principio delle cose e perciò ritengono (i sapienti) che niente si produce e niente si distrugge..."

Anassimandro

Nacque intorno al 610 a.C., fu discepolo di Talete. Di lui, come spesso capita in questi casi, sappiamo poco, ma certamente ci è arrivata l'eco dell'essere stato tra i primi in Grecia a pensare al concetto di "infinito".

"... principio dell'essere è l'infinito ... da dove infatti gli esseri hanno l'origine..."

---

[17] I Presocratici sono: quei filosofi greci che, dalla fine del XVIII a.C. precedono Socrate.

Anassimene

Visse tra il 585 ed il 528 a.C. Fu il continuatore delle ricerche di Anassimandro, come suo discepolo più importante. Pure costui si concentrò sul principio insito alla realtà contingente.

"... come l'anima nostra che è aria, ...così il soffio e l'aria abbracciano tutto il mondo..."

Abbiamo visto quella che può tranquillamente, grazie agli uomini che abbiamo presentato in breve, essere definita con un costrutto speciale: alba del pensare umano!

Ma nel mentre succedeva questo a Mileto, nella città di Crotone, nell'odierna Calabria ed allora Magna Grecia, una delle più fulgide menti dell'umanità, Pitagora, esponeva ed insegnava una particolare forma di pensiero che si basava fondamentalmente sulla matematica e geometria. Pitagora riteneva questo:

"Il principio di ogni cosa è definibile con un numero, e questo numero è l'uno".

Sempre secondo questa grande mente, al numero uno seguiva il due (definisce la retta), a seguire il tre (definisce il triangolo) ed in ultimo il quattro (definisce la più semplice figura solida); che poi, sommandoli tutti si perviene al dieci, che sarebbe il numero perfetto.

Con Pitagora erano nati i pitagorici, pensatori tra matematica e religione. Tra i discepoli di Pitagora spiccarono Eraclito e Senofonte. Il primo si distinse per aver codificato che il "principio" è una legge che regola i contrasti (il divenire); il secondo, ebbe il grande intuito di pensare che:

"... sbagliano gli uomini che figurano gli dei come gli umani..., la stessa cosa avrebbero fatto cavalli e buoi, se avessero avuto le mani ... invece c'è un solo Dio che è nei cieli e non è umano...".

Eccoci arrivati alla scuola di "Elea", la odierna Ascea nel sud della provincia di Salerno.

Mentre in Eraclito c'era il dualismo fra logo, la legge del divenire, immutabile, divina ed eterna; in Parmenide, c'è il dualismo fra la realtà in se stessa, che è comprensibile col ragionamento logico, quindi coincidente col pensiero medesimo, e la fenomenologia apparente della realtà su cui possiamo dare opinioni relative da verificare. Grande merito di Parmenide fu anche l'aver stabilito per primo un concetto molto conosciuto ed utilizzato dalla odierna scienza e filosofia: l'ente è, il non ente non è!

I Sofisti e Socrate

Siamo nel 431 a.C., Atene combatte con Sparta la guerra del Peloponneso. Tutti si danno da fare nel campo della demagogia. Così si moltiplicano i maestri dell'arte del discutere (eristica). Questi maestri che sanno o dicono di sapere di tutto, si fanno chiamare sofisti[18]. Questi maestri pensatori, che molto spesso traviavano a detta di molti anche le giovani generazioni, non ignoravano l'indagine sulla natura in quanto tale, ma la finalizzavano ad interesse dell'uomo. Insegnavano che l'uomo è colui che conosce ed investiga, ed ogni pensare ha sempre conseguenze nella società. Ecco quindi la ragione per la quale i sofisti cercano i doveri, i diritti, la forma di Stato e la legge più consona al momento.

Tra i più illustri maestri tra i sofisti, dobbiamo annoverare certamente Gorgia e Protagora. Il primo nacque a Lentini in Sicilia nel 480 a.C., morì in Tessaglia e fu discepolo di Empedocle. Gorgia cercò di dimostrare che nell'ambito morale tutto è relativo: non può esserci un concetto universale di virtù, perché questa è diversa da condizione sociale e da contesto, oltre che per età e sesso.

---

[18] Da Enciclopedia Treccani: Il sofismo (sapiente), Movimento filosofico, etico e culturale, affermatosi nella Grecia antica, e soprattutto ad Atene, tra il 5° e 4° sec. a.C.

Protagora nacque ad Abdera intorno al 480 a.C. Anche questa mente eccelsa fece una grande considerazione: siccome il non umano non è raggiungibile dalla mente dell'uomo, non è opportuno nemmeno indagare, visto che si troveranno sempre due opinioni contrapposte.

Nel suo insieme la sofistica aveva aspetti e valori contrastanti: da un lato, dava una lettura critica di ogni tesi fino ad allora creduta; nel contempo mostrava l'impossibilità di raggiungere conoscenze valide per tutti gli uomini e per ogni tempo. Una tale struttura di pensiero portava indubbiamente inquietudine nelle menti dei più giovani: crollo di ogni valore e mancanza di una visione solida ed organica delle cose e della morale, verso cui c'era un dovere di tendere e viverle.

Socrate[19]

Anche quest'altra mente eccelsa donata agli uomini, non lasciò nulla di suo come scritto. Ciò che possiamo sapere del suo pensiero lo ricaviamo da Senofonte, Platone e Aristotele. Amò molto la sua Atene, al punto che dopo la caduta della oligarchia dei trenta tiranni, pensò di rendersi utile alla vita politica. Ma il nuovo governo democratico gli fece pagare le tante dure ed oneste critiche; così tre cittadini mossero delle accuse di corruzione, empietà ed introduzione di nuova divinità. Ovviamente fu una macchinazione politica che lo condusse fino alla morte, visto che il filosofo non volle accettare il piano di fuga proposto dagli amici: per non commettere una illegalità.

Fu tenuto in grande stima dai suoi discepoli, per l'umiltà, la dialettica eccellente ed il non attaccamento al denaro. Socrate aveva un metodo tutto rivolto all'uomo e non già alla natura.

---

[19] Socrate (470 – 399 a.C.), filosofo della Grecia classica e maestro di Platone.

Per il filosofo l'uomo doveva volgere principalmente la sua ricerca su se stesso; l'analisi socratica voleva che il sapiente guardasse all'uomo nella globalità e nella interezza. Perciò, Socrate indaga la conoscenza come ricerca del "concetto" che i sofisti non potevano demolire: con queste sue strutture concettuali demolì "l'eristica", ossia l'arte di disputare. Infatti, la sua tesi di fondo era che gli uomini non possono che volere il bene, purché lo conoscano.

Il concetto rappresentava il nuovo "logos" di origine divina, che racchiudeva le verità assolute e ideali (giustizia, verità, bene, ecc.), che si potevano raggiungere attraverso un dialogo onesto e sincero. L'equilibrio etico-morale che il filosofo insegnava è fondamentalmente una conoscenza logica che si realizza nel concetto.

Platone[20]

È colui che porta il pensiero umano ad un primo ed imperioso picco, per quanto attiene ai temi alti dell'umanità. Nacque ad Atene fra il 427 ed il 428, il suo vero nome era Aristocle. Allorquando venne a conoscere Socrate, ne restò fortemente impressionato, soprattutto per la morale e le sincere critiche alla demagogia politica. Studiò Eraclito e viaggiò molto, ritornato definitivamente ad Atene dove fondò l'Accademia. Organizzando anche i pensieri di Socrate, Platone realizza una metafisica nel vero senso della parola; in parole povere, egli espone con ricchezza di contenuti il pensiero filosofico: l'origine della realtà è certamente altrove (ecco la meta-fisica = oltre la realtà)!

E da qui viene fuori la novità che tutti i lettori di filosofia conoscono: l'esistenza di un "universo a due piani": nel piano di sopra c'è l'universo ideale (o mondo delle idee); nel

---

[20] Platone (429 – 348 a.C.), filosofo della Grecia classica e maestro di Aristotele.

piano di sotto (o mondo materiale), c'è la materia e ci sono gli uomini.

Per Platone, Dio abita nel mondo delle idee, reale ed originario ma certamente non visibile; Platone, nella sua profonda ed alta speculazione intese l'anima come prigioniera nel corpo. Ecco, il punto: lo spirito, elevandosi, passa ad una fase di liberazione interiore. Con questa impostazione di fondo, emerge anche un altro aspetto molto interessante, soprattutto in quella che daremo più avanti come lettura cristiana dello strumento filosofico: le distinzioni che oggi opera la nostra civiltà, con la sua frenesia di compartimentare ogni cosa, in Platone non le troviamo; infatti, parole come fede e ragione o ragione e sentimento non sono né in competizione né necessariamente da separare, perché benissimo potrebbero appartenere alla stessa medaglia.

In Platone, le idee sono principio trascendente e formale di tutte le cose, ossia, sono distinte da esse cose, ma ne sono le forme ed i modelli di cui le cose son fatte: Antonio è uomo perché somiglia all'idea di uomo, che è presente nel mondo intelligibile; quindi, tutti coloro che somigliano all'idea di cane sono cani, e così via dicendo. Questa concettualità del somigliare ad un'idea, implica che il divenire e le trasformazioni avvengono per contrasto ma senza mai lasciare la naturale tendenza di tendere all'idea trascendente di fondo cui tendono le cose: per tale ragione il freddo non può diventare fuoco e l'anima non può morire.

Nelle sue strutture di pensiero ebbe grande affinità con i numeri di Pitagora; alla fine, determinò di organizzare le idee e ne previde sei (categorie) superiori alle altre: la prima su tutte fu il Bene, poi aggiunse L'Essere, quindi il Movimento, poi la Quiete, l'Identità ed ultima la Diversità.

Ecco la spiegazione relazionale del nostro filosofo, che attempato negli anni, spiega: l'Essere è unito alla diversità ed identità, perché è identico a se stesso e diverso da altri; ma è anche unito alla esistenza. La Diversità e l'Identità spiegano la molteplicità delle cose e delle idee. Il Movimento e la Quiete enunciano la legge del divenire in ogni forma.

Ovviamente, come i sapienti di ogni tempo ed ogni dove, Platone non concepiva l'uomo lontano dalla vita pubblica e dalle responsabilità civiche; anche perché credeva ad un'ascesa dell'anima come percorso etico-morale da compiersi sulla terra, per poi comparire davanti al Demiurgo, che a differenza del Dio degli Ebrei non crea ma ordina le cose.

Tratto dal *Fedro:*

"… Ecco dunque: in quel luogo abita l'essenza che realmente è, che non ha colore né figura né consistenza al tatto e si lascia contemplare dal solo intelletto…".

Tratto dalla *Repubblica* di Platone, il mito della caverna, che spiega i gradi della conoscenza:

"… Ai limiti del mondo estremo intelligibile c'è l'idea del Bene che, grazie all'anima che si eleva sempre più, … persegue il desiderio e consegue col tempo, verità e saggezza…".

Aristotele[21]

Per questo immenso filosofo, la filosofia era *"il ricercare la verità e fuggire dall'ignoranza"*. Sono diverse le ragioni per le quali il più grande allievo di Platone, per l'appunto Aristotele, lo portano ad essere considerato il contrappasso per certi aspetti di Platone. Ma in effetti, se si fa un'analisi profonda ed attenta del lavoro e del pensiero di Aristotele, ci si accorge che anche lui presta molta attenzione al "mondo di sopra", ed il suo impegno è volto a studiare Dio come "il motore immobile". Perciò, il suo percorso attento verso il trascendente è fuor di

---

[21] Aristotele (384 – 323 a.C.), filosofo greco, tra le opere più conosciute c'è " Protreptico " o Esortazione alla filosofia.

dubbio ma, nel contempo, è interessato a tutto ciò che la natura gli prospetta.

Il pensiero di Aristotele, per un tempo caduto nel dimenticatoio, viene ripreso e divulgato con tutta una serie di spiegazioni da parte di Tommaso d'Aquino, una colonna del pensiero cristiano del Medioevo.

Aristotele concepisce l'esistenza di Dio per una miriade di ragioni; nel contempo, ammettendo che una tale indagine non è fattibile verso confini inaccessibili per la stessa natura dell'Essere Primo per eccellenza, egli ritiene doveroso concentrarsi qui sulla terra e sull'uomo.

Contesta nella forma e nel merito le tesi del suo maestro Platone, e soprattutto il concetto di "idee", a cui egli contrappone la sostanza, che per Aristotele è: "sinolo", ossia un tutto-uno con l'idea; cioè una unità concreta, corporea (materia), di specie (forma). Per Aristotele non c'è l'umanità ma Antonio, Platone, ecc. Aristotele sostiene, a ragione, che una statua nasce perché c'è il marmo (materia), l'idea (forma), lo scalpello (causa efficiente) e lo scopo che lo scultore si pone.

Eccoci arrivati all'anima, che Aristotele, diversamente da Platone, vede come un rapporto composito ed organico col corpo, che non può essere scisso perché entrambe fanno l'Essere uomo-persona. Aristotele, raggiunge delle vette speculative forse ancora oggi inarrivabili: graduò l'anima in tre tipologie e ne distinse i contenuti ed i contorni come mai nessuno prima di lui.

Vegetativa, Sensitiva e Intellettiva: nel primo caso abbiamo le pinte, al riguardo c'è poco da spiegare; nel secondo caso, abbiamo gli animali, che oltre al vegetare semplice possiedono il sentire; terzo ed ultimo tipo, è l'anima dell'uomo che detiene un qualcosa di unico sulla terra: oltre al sentire ha il pensiero, che detiene due prerogative somme, come l'autocoscienza ed il criterio di giudizio (bene o male).

Aristotele, ordina come ed in maniera più completa di Platone i concetti che definisce lui anche categorie o predicati, e ne contempla dieci a spiegazione di tutta la realtà: sostanza, quanto, quale, relazione, dove, quando, giacere, stare, fare e soffrire. Da qui, attraverso la connessione dei concetti, si raggiunge il giudizio che può essere vero o falso, è questa la vera conoscenza cui si perviene attraverso un'analisi discorsiva.

Non c'è da dire altro, semplicemente perché non basterebbero interi libri per spiegare i contenuti e le vette raggiunte da un tale uomo. Alla sua morte, il Liceo da lui fondato, viene diretto dal discepolo più fedele Teofràsto.

Intanto, siamo arrivati alla morte di Alessandro Magno, il quale alla polis greca aveva sostituito il grande stato regionale. Con questa morte, i generali macedoni si dividono le conquiste ottenute dal grande imperatore ma, nel contempo la potenza di Roma è vicina e la Grecia diventa nuovamente una terra di conquiste e provincia altrui.

Malgrado tale clima politico, vi è una fioritura culturale notevole: scetticismo, stoicismo ed epicureismo, sbaragliano il campo.

Lo scetticismo[22]

Tanto per essere sintetici: nel primo caso, ci troviamo di fronte ad un modo di estraniarsi dalla vita quotidiana, ove diventava sempre più difficile fare filosofia come un tempo, con la finalità di migliorare le menti, le coscienze e la società; la risposta di questo pensiero fu: restare imperturbabili al cospetto di ogni evento nella natura e nella storia umana. Pirrone di Elide ne fu grande interprete.

---

[22] Da Wikipedia:" atteggiamento nell'ambito della gnoseologia, che nega la possibilità di raggiungere la verità in senso assoluto".

Lo stoicismo[23]

Fondatore ne fu Zenone di Cizio, nato nel 350 a.C. Per costui l'universo è eterno; l'uomo deve vivere in maniera virtuosa, avere in definitiva fiducia nel principio (Dio) che tutto pervade e tutto controlla.

L'epicureismo[24]

Isolarsi dalla società, attraverso il ricercare un piacere con moderazione, per avere una tranquilla vita senza preoccupazioni di alcun tipo. Questo era l'epicureismo di Epicuro di Samo, nato nel 314 a.C. Furono molti dotti romani a seguire queste dottrine semplici ed appaganti (es. Lucrezio, Orazio, ecc.): togliere dalla mente, la ricerca spasmodica di presunte verità assolute; togliere dalla mente, la paura della morte; togliere dalla mente, l'ansia degli Dei; togliere dalla mente, gli ideali patriottici; togliere dalla mente, i desideri inutili. Insomma, seguire il flusso naturale di tutto ciò che la vita ci riserva.

Il neoplatonismo[25]

Una rilettura di Platone è fatta da Plotino e dal suo maestro Ammonio Sacca: il mondo delle idee di Platone è presentato come Dio, che Plotino definisce "l'Uno"; ovviamente, nel pensiero del neoplatonismo di Plotino, assistiamo al presentarsi di Dio nella natura come "emanazione", e non già come creazione secondo quello che è uno dei dogmi del cristianesimo. Dalla Enneade quinta:

---

[23] Da Zenone di Cizio (350 a.C.): l'uomo deve vivere in modo virtuoso.

[24] Da Epicuro di Samo (314 a.C.): l'uomo deve ricercare il piacere per una vita senza preoccupazioni.

[25] Da Plotino (204 – 270 d.C.): nasce il Neoplatonismo.

"L'uno è 'tutte le cose' e al tempo stesso non è neppure una di esse; principio di ogni essere, voglio dire, non è "tutte le cose" in una maniera qualunque ma è tutto in una maniera trascendente..."

È importante qui sottolineare un particolare: secondo la concezione neoplatonica dell'Uno e di come da questi avvenga l'emanazione di intelligenza ed anima del mondo; sempre nel linguaggio neoplatonico, si può scorgere grande affinità, che meglio sarebbe definire, tesi prese a prestito dai teologi cristiani per strutturare tutto un pensiero sia finalizzato ad un'ermeneutica biblica che come arma contro gli eretici all'occorrenza. In definitiva Dio (l'Uno) è troppo distante e diverso dall'uomo, perciò qualunque cosa si dicesse di lui sarebbe inappropriata.

È con Ammonio Sacca, nato a Licopoli in Egitto che riprende strada il pensiero che fu del grande Platone. Per capire il ruolo importante che ebbe nel formare le nuove coscienze del tempo, basti pensare che come discepoli ci furono Origene e Plotino per l'appunto.

Il pensiero di Plotino è dominato da una profonda ispirazione religiosa, e in essa vive. Il profondo e vivente rapporto tra finito ed infinito, l'antitesi irriducibile tra Dio e le cose; codesta vibrazione dell'intero universo, che si concentra in una circolare dialettica d'amore, è questo lo spirito della filosofia plotiniana.

Alla base di tutto, alla radice, c'è Dio l'assoluto ed unico! Dio è il bene ma è oltre il bene medesimo! Dio è il pensiero ma è oltre il pensiero! Dio è!

La realtà tutta, dunque, sia essa sensibile che intellegibile, in quanto molteplicità, rimanda necessariamente a un'unità fondamentale. Tale unità è postulata perché non c'è altra via, non solo come base, ma anche come termine finale; quel bene sommo e universale verso cui il mondo si muove.

Ecco, qui è opportuno fermarci, ma è solo una breve pausa o meglio uno stacco di contenuti. Infatti, sospendiamo il percorso filosofico, che riprenderemo nella lezione successiva a questa; allorquando parleremo della filosofia cristiana, che concluderà questo capitolo sul "pensare", per procedere oltre.

2.2 Il contributo romano[26]

Sia la filosofia che la letteratura latine o se vogliamo romane, hanno indubbiamente un ambito senza confini, ma in ogni senso.

Ovviamente, centro di attività in tutto il suo lungo svolgimento e punto di irradiazione, dentro e fuori dai confini d'Italia, fu Roma. La quasi totalità della immensa produzione filosofico-letteraria fu espressa in lingua latina e non poteva essere diversamente. Fu anche vero che, la fortuna di Roma ebbe ad essere anche la fortuna del latino come lingua.

Quest'immenso e monumentale patrimonio si srotola attraverso mille anni di storia e cultura di una città, di un impero, di un popolo e di tanti popoli, che malgrado ebbero a subire la caduta finale, migliaia e migliaia di vittorie raccolsero ovunque.

Questa fu Roma, per l'Italia e per il mondo, che ancora ne conserva con orgoglio a mo' di valore universale, un'assimilazione di memoria identitaria globale.

Neanche da dimenticare sono, le vie diversificate che prese il latino, mirante alla genesi delle sue "figlie" linguistiche: italiano, francese, spagnolo, portoghese, ladino, catalano, ecc.

---

[26] Il contributo alla filosofia, fu dato da Roma attraverso i vari Cicerone, Catullo, T. Livio, Orazio, Ovidio, Virgilio, Tacito, Seneca, ecc.

Tutto questo è e fu ancora Roma!

Credo sia opportuna una rappresentazione schematica, sintetica e temporale, del cammino di Roma:

1. Periodo delle origini (241 a.C.);
2. Periodo arcaico o preclassico (dal 241 al 78 a.C.);
3. Periodo classico (dal 78 a.C. alla morte di Augusto, nel 14 d.C.);
4. Periodo imperiale (dal 14 d.C. al 550 d.C. Giustiniano);
5. Periodo Cristiano (dal II sec. al VI sec.);
6. Periodo del Medioevo;
7. Periodo Umanistico.

La letteratura e la filosofia latine, recano il volto ed il carattere del popolo di Roma, anche dell'Italia del tempo: senso pratico, spirito guerriero, adattamento ma, anche capacità di elevarsi con lo spirito ed il pensiero speculativo.

Ho difficoltà a stilare un elenco di nomi ma, i più illustri vanno comunque riportati ad onore: Nevio, Lucillo, Plauto, Sallustio, Cicerone, Varrone, Catullo, Tito Livio, Virgilio, Orazio, Ovidio, Tacito, Seneca.

Con l'avanzare dell'acquisizione in concretezza espressiva e strutturazione coerente ed elaborata, la penna dei dotti romani al pari del loro pensiero, evidenziano e prefigurano già quelli che saranno i futuri livelli compositivi.

Per quanto detto, considerato l'immenso patrimonio, ancora una volta ripetiamo che ci occuperemo solo di filosofia latina, pur sapendo che livelli sommi raggiunsero i letterati di Roma, e soprattutto nell'oratoria e nella giurisprudenza. Tant'è che, ancora oggi, il diritto romano è alla base dei patrimoni giuridici di ogni Stato civile e moderno del mondo.

L'eclettismo ed il filosofare in Roma[27]

Questa nuova corrente filosofica si andò insinuando negli ultimi due secoli a.C., ed entrò tra gli stoici e neoplatonici dei cosiddetti della Nuova accademia. I suoi più illustri rappresentanti furono pensatori come Filone di Larissa, maestro di Cicerone, Antioco d'Ascalone. Fra gli stoici eclettici della "media stoa" i più noti furono Panezio da Rodi (180-110 a.C.) e Posidonio d'Apamea (135-51 a.C.). Però, il tipico esponente del pensiero eclettico fu senza dubbio alcuno Cicerone (106-43 a.C.), discepolo di Filone, di Antioco e di Posidonio.

L'eclettismo, non fu un momento di vigore speculativo, ma rappresentò un atteggiamento proclive all'assimilazione ed alla diffusione di motivi culturali vari, di cui si smussano gli angoli tesi a cogliere, al di là degli apparenti contrasti, più profondi consensi.

In realtà, tale corrente o atteggiamento di pensiero romano, fu la traduzione sul piano teorico del fatto storico della conquista romana.

Fra i Greci, l'eclettismo fu soprattutto fusione di temi platonici e stoici: Filone di Larissa e Antioco d'Ascalona erano platonici storicizzanti, Panezio e specialmente Posidonio, erano stoici platonizzanti. Posidonio, peraltro, accentuò anche motivi religiosi. Ma abbiamo detto e ripetiamo che il tipico alfiere dell'eclettismo fu Cicerone.

La sua meditazione raffinata ed elegante, resa vuota di ogni psicodramma metafisico, di ogni serio impegno logico, rappresentò in pieno la mentalità romana, con la sua praticità eminente sul piano giuridico ma pur debole in sede teoretica.

---

[27] L'eclettismo del II sec. a.C. a Roma, significò assimilazione dalla Grecia e non pensiero speculativo autonomo.

D'altra parte, la filosofia greca non era vista di buon occhio a Roma, intorno al secondo secolo a.C. Era il 161 a.C., quando i consoli Fannio Strabone e Valerio Messala, fecero divieto a dimorare in città per filosofi e retori.

È pur vero che, appena giunsero ambasciatori qualche tempo dopo, Carneade, Diogene e Critolao, la gioventù romana fu prigioniera incantata dall'eloquenza di Carneade.

Prenderanno poi così a diffondersi, lo stoicismo nella scuola dei Sestii e l'epicureismo nel pensiero di Lucrezio. Ma dobbiamo ancora ripetere che, il massimo banditore della cultura e filosofia greca fu Cicerone.

Abbiamo fin qui esposto, sia pure in maniera sintetica, i tratti e gli uomini che del pensiero greco ne continuarono a tessere il filo fino a Roma; che, ne assorbì per stima e rispetto molto del patrimonio filosofico greco. Vediamone qui, delle brevi note biografiche di questi geni appartenenti all'umanità tutta.

Tito Lucrezio Caro[28]

Nasce nel 94 a.C. e muore nel 50 a.C. Lucrezio ebbe sempre una coscienza religiosa, morale ed un'ansia del divino; lo riporta a noi nei suoi tanti scritti, ove traspare uno spirito retto, amante sempre della verità e della giustizia. Con questo scrittore eccelso, si va dalla poesia leggera, a quella impegnata, mitologica ed erudita. Lucrezio affrontò la tematica religiosa in funzione dell'uomo, perseguì sempre l'atteggiamento morale e finalizzato alla felicità dall'uomo ma anche al suo travaglio. Il suo capolavoro è conosciuto dal mondo intero: *De rerum natura.*

---

[28] T.L. Caro (94 – 50 a.C.),poeta della Roma antica, l'opera più grande fu " De rerum natura".

Cicerone[29]

Nasce ad Arpino nel 106 a.C. Marco Tullio Cicerone. La sua singolarità geniale non sta nell'elaborazione di nuovi sistemi, ma nella universalità del suo pensiero, nella capacità assimilatrice, nell'equilibrio del suo spirito pratico di realizzatore di percorsi elevati, in tutti i meandri del pensiero greco. La novità, se mai, di fronte alla tradizione, sta nell'aver posta la filosofia in rapporto più con la volontà che con la mente, vitalizzandola ed umanizzandola.

Orazio[30]

Nacque a Venosa il 65 a.C. Orazio è figlio della più splendida cultura romana. Tanto, a diventarne la più alta voce, vide Roma al meriggio della sua gloria, ne subì il fascino e ne cantò le virtù. Fu l'emblema del pensiero e dell'atteggiamento classico: apprezzamento del pensiero greco che si eleva, del bello estetico e della poesia alta.

Tito Livio[31]

Nasce a Padova nel 59 a.C. il più grande storico di Roma, la filosofia serviva a Livio onde affinar lo spirito, per ben entrare nella natura delle cose e nello spirito dell'uomo. Immensa è la sua opera di storico, non trascurabile nemmeno quella sulla filosofia-morale.

Virgilio[32]

Publio Virgilio Marone, nacque nel 70 a.C. presso Mantova. È il poeta più celebrato nell'antichità, la voce

---

[29] M.T. Cicerone (106 a.C.), pensiero sommo ed oratore eccelso della Roma antica.

[30] Orazio (65 a.C.), altro poeta immenso della Roma antica.

[31] T. Livio (59 a.C.), il più grande storico della Roma antica.

[32] P. Virgilio Marone (70 a.C.), il poeta più celebrato dell'antichità

universale di tutti i tempi e presso tutti i popoli colti. Virgilio ha la tendenza a smaterializzare le cose, vivendole come degli ideali. Nell'Eneide è il trionfo del destino di Roma a maestra del mondo. Egli realizza in tale Opera il risultato sommo di "archetipo" della umana sensibilità, scaricando in essa tutte le sue esperienze di vita e di pensiero. Non a caso il medioevo lo innalza a taumaturgo e profeta di Cristo; infatti, Tertulliano lo definì "anima naturalmente cristiana".

Seneca[33]

Eccoci arrivati al filosofo latino per eccellenza. Lucio Anneo Seneca nasce a Còrdova nel 4 a.C. Come abbiamo fatto per gli altri, anche in relazione a questa mente eccelsa della cultura della latinità ci soffermeremo sul loro "focus" filosofico. Viene spesso citato affiancato all'altro grandissimo romano Cicerone, come rappresentante del pensiero filosofico latino. In realtà l'accostamento è riuscito solo per una caratteristica comune ad entrambi: ricostruttori e non costruttori di pensiero speculativo. Sia Seneca che Cicerone, erano versati all'aspetto pratico della filosofia, ad un impegno etico-morale teso ad istruire il cittadino nella città. Perciò, con Seneca, la ricerca della "virtus" diventa anche dissertazione e riflessione teorica, norma della volontà e disciplina dell'intelligenza. Egli si incontra in primis con lo stoicismo, e con le innumerevoli problematiche della vita che questa linea di pensiero porta con sé; ma, nel contempo, ascolta gli epicurei, i cinici ed i peripatètici.

Il che conferisce duttilità e corposità al suo pensiero, e gli permette anche di costruire il suo imponente edificio morale: l'uomo al centro di tutto, con i suoi tormenti e le sue passioni, ma anche ricco di predicati di alto pensiero.

---

[33] L. A. Seneca (4 a.C.), uno dei più grandi filosofi della Roma antica.

Seneca pensa a Dio secondo il concetto panteistico degli stoici, in termini di anima dell'universo ed in definitiva "causa prima". Nella sua raccolta di scritti filosofici titolati "Consolationes", soprattutto in quella dedicata a sua madre, egli mirante sempre all'eternità ed al dopo la morte, è riuscito a dire a sé ed agli altri una parola nuova, che è quella del dolore catartico nell'economia della provvidenza divina.

Questa singolare mente del pensiero latino riesce a fare alla fine della sua esistenza ciò che aveva fatto Socrate: coinvolto e scoperto nella congiura anti Nerone, consola i suoi cari con parole di conforto, poi decide di tagliarsi le vene all'età di 70 anni.

2.3 Il contributo cristiano

Pensare ad un Cristianesimo delle origini, come ad un gruppo di persone ignoranti e senza cultura, è certamente un'inesattezza storica. Malgrado i primi 50 anni dopo l'ascesa di Gesù in cielo abbiano lasciato poche tracce indicanti un certo fervore culturale, sicuramente, appena entrati nel II sec., si assiste ad una esplosione, ma veramente da rubricare come "cultura cristiana".

Le prime manifestazioni di ciò che stiamo dicendo, inerenti al pensiero cristiano, si ebbero, come la storia ci ha tramandato, in greco, e così ebbero a continuare anche in Occidente.

Si arriva fino al 150 d.C., cioè fino all'apparire delle prime traduzioni in latino dei Libri sacri. I primi documenti, con tracce cristiane in latino, sono traduzioni dal greco del Nuovo Testamento e dell'Antico Testamento. Ma cominciano a circolare anche documenti non canonici, come il Pastore di Erma, la Lettera di Clemente ai cristiani di

Corinto, l'Epistola di Barnaba, e la Dottrina dei dodici Apostoli.

Si giunge così agli inizi della letteratura apologetica, di cui parleremo ancora. Letteratura che nacque per gli attacchi continui che i Cristiani ed i Testi Sacri ricevevano dalla cultura secolare.

Nei primi tempi i Cristiani si difendevano con la sopportazione, con l'esempio della vita, col coraggio e col martirio: le armi potenti della fede. Ma quando vennero nel Cristianesimo uomini pronti e culturalmente preparati, la difesa passò alla parola ed agli scritti.

Era nata l'Apologetica, come arma di battaglia, di difesa e di offesa insieme, di discolpa e di accusa. Perché i primi apologisti non miravano solo a scagionare i Cristiani dalle infondate accuse, ma anche a far valere il loro diritto alla vita sociale; nel contempo, dimostrando verità e divinità del Cristo.

Stiamo parlando di una battaglia a tratti tremenda, anche considerando ciò che avviene oggi nel mondo a tanti Cristiani.

Nessuno sfuggiva agli intellettuali Cristiani, diremmo oggi! Basti pensare ad alcuni casi: Tertulliano, contro i Giudei attraverso la sua opera "Adversus Iudaeos"; sempre lui contro i pagani e l'imperatore in "Ad nationes", contro il culto idolatro in "De idolatria"; sempre lui in "Ad uxorem", sconsiglia di risposarsi in generale, in particolare con i pagani.

Sempre di questo ardente cristiano degli inizi, dobbiamo menzionare il suo capolavoro che è "L'Apologeticum", opera che ci piace definire in questi termini: è la dimostrazione delle ingiustizie contro i Cristiani, accuse infondate basate su ignoranza e processi sommari; è una esposizione poderosa e ricca di eloquenza alta; arringa accesa, foga di sentimenti, forza irresistibile, nervosità pulsante e distruzione dialettica del culto idolatro romano, tutto questo ed altro ancora racchiude questo capolavoro letterario.

È qui, in questo clima, che il messaggio cristiano va a porsi con tutta la sua potenza di contenuti teologici e letterari. In ognuna delle opere apologetiche si rivela la personalità dell'autore, ma vi è ciononostante una linea di contenuti comune a tutti: modo di impostare e condurre la polemica, abito dottrinale completo, intelligenza debordante, ironia sottile, ragionamento alto, procedimenti stilistici e retorici impressionanti, fremiti d'amore per la verità, la libertà, la giustizia e l'ardore per la fede.

Ecco, come un radicale rinnovamento, rivoluzionario se vogliamo, si pone di fronte alla religione ebraica che a quel pensiero greco tanto autoreferenziale. Quella che era l'antica legge è abolita, o quanto meno attualizzata alla luce della "Buona Novella" di Gesù; essa legge, nata finalizzata al peccato, dopo il riscatto compiuto dal Cristo, ha compiuto il suo compito di guida dell'umanità verso l'amore ed il perdono in Cristo.

Alla stessa maniera in cui la "nuova via", accoglieva e rinnovava l'Ebraismo; si poneva al di là del pensiero ardito greco, da cui pure gradiva riceverne il passaggio di testimone.

Il motivo religioso diventa sempre più presente e teso al rinnovamento. Vi è come un grido disperato, quasi che l'umanità, trovatasi delusa dall'epicureismo, non vuole credere più che dopo lo spegnersi della fiamma della vita non saremo più nulla, né maggiore consolazione sembrò dare il pensiero stoico con le sue regole di vita.

Ecco allora che avanza un affannoso appello, che sembra sollevarsi da tutto il mondo antico, e che si traduce in quell'aderire a miti e religioni orientali, a reviviscenze orficopitagoriche, a quelle correnti, insomma, che promettono di condurre i mortali a qualche vita dopo la morte terrena.

È certamente questa l'atmosfera che vede il diffondersi dei culti orientali, in alcune città come Alessandria d'Egitto, il nascere delle ultime grandi manifestazioni del pensiero ellenico, ma con un avanzare dell'ansia religiosa.

Tra i tanti fenomeni culturali si assiste al nascere di un sincretismo filosofico-religioso, che è dovuto alla relazione nata tra ellenismo ed ebraismo, iniziato nel II sec. a.C., allorquando in Giudea la comunità degli Esseni fu molto ricettiva al pensiero neopitagorico.

E fu qui, ad Alessandria, che tra la grande colonia di Ebrei, già con la traduzione greca della Bibbia avvenuta, che andava nascendo il nuovo.

Nuovo che ebbe come più illustre presenza l'ebreo Filone[34], nato fra il 30 ed il 20 a.C. Grande conoscitore del greco, ma con un'immensa cultura teologica ebraica. Nelle sue tante opere, Filone mostra come l'incontro tra filosofia greca e religione ebraica, possa avvenire senza problemi insuperabili.

L'importanza ed il ruolo di Filone, per altro, non consiste tanto nelle costruzioni speculative basate su principi allegorici, ma nell'aver introdotto concetti e metodi che grandissima fortuna ed utilizzo avranno nel pensiero cristiano che verrà negli anni e nelle generazioni successive.

In primo luogo, notevole è l'applicazione del suo metodo allegorico, di cui non tutti sono stati ammiratori. Metodo che per la verità, era già conosciuto ed applicato dagli stoici: non fu quindi Filone ad inventarlo; con esso, Filone mette in contatto platonismo ed ebraismo.

---

[34] Filone di Alessandria (20 a.C. - 45 d.C.), fu un grande filosofo ebreo-cristiano, primo grande commentatore dei testi biblici.

Così, assistiamo all'evento che il logos di Eraclito e degli Stoici diventa il figlio di Dio, luogo delle idee platoniche e delle ragioni seminali stoiche; l'uomo, mediatore fra terra e cielo, fra regno dello spirito e mondo materiale, opera di Dio, tende a sollevarsi con l'anima fino alla contemplazione di Dio.

È questa la "Patristica"[35], appunto lo sforzo intellettuale dei padri della chiesa nascente, a voler precisare ed ordinare, con un linguaggio chiaro ed al passo con quei tempi, il Cristianesimo. Nell'affrontare un tale compito, le prime tre generazioni dei discepoli degli apostoli, fecero proprie le strutture filosofiche del pensiero greco.

La "Patristica", cammina come coeva all'ultimo pensiero classico, fino alle soglie del declino dell'Impero d'Occidente, fissandone dogmi e quant'altro, con sottesa la logica classico-ellenistica.

Così comincia a svilupparsi, attraverso l'elaborazione di un messaggio semplice, che è quello di Gesù, un sistema filosofico-teologico che in pochissimo tempo produce effetti dirompenti nell'impero romano tutto.

Era nata, se vogliamo, la teologia cristiana. Infatti, ancora una volta, si era verificato un fenomeno storico-sociologico frequente: l'assimilazione culturale.

Ai capisaldi delle strutture di pensiero filosofico occidentale: essere, essenza e pensiero sul mondo, si erano andati a sostituire termini equivalenti, ma con una ricchezza semantica maggiore: vita, esistenza e pensiero nel mondo. Codesti nuovi termini, e se vogliamo nuove categorie di

---

[35] Da Wikipedia: il pensiero cristiano dei primi secoli del Cristianesimo, dovuto alla predicazione dei Padri della Chiesa (es. Origene, Crisostomo, Girolamo, Agostino, ecc.).

pensiero, ribalteranno dall'interno l'Impero Romano, facendo arrivare sino a noi oggi le conseguenze.

Partiamo dai momenti iniziali di questo percorso, che come abbiamo visto in generale per la categoria delle vicende umane, e nello specifico per il Cristianesimo; consta sempre di tappe epocali nello sviluppo degli eventi che, difficilmente permettono di tagliare le date di passaggio con certezza.

In effetti, nei primi due secoli dopo Cristo, il Cristianesimo si trova a dover fronteggiare il pensiero gnostico. Sembrava si trattasse di due posizioni in antitesi:

Fede e ragione. Ma i veri contenuti del conflitto non erano dati dalla opposizione della ragione (gnosis) alla fede (pistis); quanto al fatto che, vi era nella Chiesa, una fede (alcuni fratelli) che non riusciva ad essere tale senza la ragione ma, finalizzata a salvezza!

Ecco la posizione degli gnostici (Marcione, Basilide, Valentino) che è permeata di congetture fantastiche:

"Un peccato, una caduta cosmica iniziale, hanno inserito il male nell'universo; una conoscenza (gnosis) può, sola, salvarci. La funzione del Cristo è questa: di farci partecipi di quella conoscenza salvatrice illuminante. La sua passione e la sua morte restano nell'ombra. La redenzione umana è ottenuta attraverso il sapere partecipato dal Cristo".

Questa posizione gnostica, oggi inimmaginabile per noi cristiani, era angosciata a voler spiegare e risolvere il problema del male nel mondo. Ma, ad essere onesti, tale posizione aveva alla base un'altra matrice problematica: non riuscivano a conciliare i due Testamenti!

Tanto è vera questa ragione che, più tardi, Mani il persiano, porterà a sintesi estrema questa problematica: definendo il principio universale certo ed unico, come lotta tra il bene ed il male. Una commistione ascetico-religiosa delirante per molti aspetti.

Ora, i due problemi che abbiamo visto affaticare ed oggi diremmo stressare fino al fanatismo gli gnostici, della coscienza liberatrice e del male, vennero impostati chiaramente, ma su un piano di ortodossia, dai Padri della scuola di Alessandria: Clemente[36] ed Origene[37].

Clemente, vissuto fra il 150 e il 215 d.C., scrisse tre grandi opere: il Protreptico, il Pedagogo e gli Stromati.

Riannodandosi alla tradizione di Giustino, che **Clemente** continua, di fronte alle critiche che gli vengono spesso mosse per la sua sancta semplicitas, egli fa vedere che la filosofia è anch'essa amata e favorita da Dio. Se gli ebrei hanno avuto la legge nella fede, i Greci la filosofia, i Cristiani hanno risolto la legge nella fede: avendo per la filosofia capito il perché della legge, comprendendo così di dover ricorrere alla fede.

La filosofia non dispensa dalla fede, ma prepara ad essa, utilmente e preziosamente. La saggezza è signora della filosofia, come la filosofia lo è delle scienze inferiori.

Però, il più illustre dei Padri greci fu senza dubbio alcuno **Origene**. Nacque in Egitto, verso l'anno 184; fu compagno di Plotino alla scuola di Ammonio Sacco. Viaggiò molto, torturato dall'imperatore Decio, morì nel 253 a Tiro. Per Origene, Dio è unità semplice e perfetta, incorporea ed ineffabile. Il Figlio invece, nel suo pensiero tende a diventare un intermediario fra Padre e il mondo. Attraverso il Figlio, luogo ideale di tutte le forme, Dio ha creato il mondo e l'ha creato dall'eternità, non essendo in lui alcun mutamento temporale.

Origene si staccò a volte dall'ortodossia, perché per giustificare concetti alti e profondi, dovette usare il metodo

---

[36] Clemente (150 – 215 d.C.), uno dei padri della Chiesa.

[37] Origene (184 – 253 d.C.), uno dei padri della Chiesa.

allegorico, come già detto, da non tutti sempre condiviso. Il suo pensiero fu quasi depredato dai successori!

Fin qui, abbiamo fatto cenno alla cosiddetta scuola di Alessandria, anche perché fu la prima a difendere il Cristianesimo. Siamo intanto, dal punto di vista temporale, arrivati nel III secolo, le persecuzioni imperiali ai danni dei cristiani continuano, e se ne vive l'ultima della serie tra il 284 – 305, voluta da Diocleziano; che, chiede l'abbattimento di chiese e distruzione di libri sacri.

È questa l'età d'oro dell'apologetica, che vede l'affermarsi dei continuatori di Tertulliano e Minucio. Passata la prima generazione dei discepoli degli Apostoli, siamo per così dire arrivati alla generazione dei grandi martiri cristiani:

Cipriano

Pagano che si convertì al Cristianesimo. Nacque a Cartagine nel 258 d.C. Nella sua opera "De Lapsis" (i caduti), fissò le regole per riammettere in comunione i fratelli che, avevano abiurato sotto la persecuzione dell'imperatore Decio.

Arnobio

Convertitosi intorno al 295, ricco di cultura cristiana e profana. È famoso per la sua convinzione platonico-cristiana sull'anima umana, creata da un demiurgo e resa immortale solo se capace di compiere buone azioni, per la speciale grazia di Dio.

Duro, è il piglio ironico con cui affronta ed abbatte le tesi dei pagani; la sua invettiva è spesso satirica sullo stile di Giovenale.

Lattanzio

Ancora uno scrittore dell'Africa, Firmiano Lattanzio. Anche lui convertitosi tardi, si dedica all'apologia del Cristianesimo. Più letterato che teologo, Lattanzio si limita ad esporre la dottrina cristiana attraverso una prosa di stampo ciceroniano. Trasse spesso argomentazioni dai filosofi e dai poeti pagani; con Lattanzio, forse per la prima volta, fede e filosofia si apparentano e si mostrano come due facce della stessa medaglia. Pico della Mirandola lo definirà secoli dopo "Cicerone cristiano".

Ambrogio[38]

Nasce nel 335 d.C. a Treviri in Gallia. Ambrogio è uno dei più robusti ed originali scrittori cristiani di lingua latina.

Stile semplice, vibrante nei contenuti concettuali, strutturati secondo la migliore tradizione retorica. Nutrito di teologia e filosofia, di cultura cristiana e secolare, ricco di passione e sentimento, è una forza della natura che porterà Agostino alla conversione.

Girolamo

Ritenuto il più grande pensatore latino-cristiano, sua è la "Vulgata". Con Girolamo si ha, per la prima volta, la fusione del "biblico" col "classico" Temperamento vivacissimo, suscettibile fino alla collera, conobbe e polemizzò anche con Agostino, Ambrogio e Giovanni Crisostomo. Capace di esporre un pensiero così ardito, al punto che affermò di averlo ricevuto in sogno da Cristo stesso: "Ciceronianus es, non Christianus".

Credo che con Girolamo, e senza offesa per nessun altro, solo per una questione di spazio, ci si può anche fermare con

---

[38] Ambrogio (335 d.C.), uno dei padri della Chiesa.

questa brevissima carrellata inerente i più illustri costruttori di pensiero filosofico cristiano. Il compito che ci eravamo proposti, l'apparentamento stretto tra filosofia e pensiero cristiano, abbiamo ragione di credere di averlo assolto.

Ritornando al Cristianesimo nascente cerchiamo, sia pure in sintesi, di identificare le ragioni del successo di questa "Nuova via", come alcuni solevano definirlo: diciamo che, pur essendo originariamente e nel fondo dei suoi contenuti, una religione e non una filosofia, portava nel mondo culturale latino diversi motivi nuovi, che indubbiamente aprivano ad una visione nuova del mondo e della vita:

1. La Trascendenza di Dio;
2. Personalità di Dio senza equivoci di sorta: Dio era certo, così come era altro rispetto all'uomo;
3. Dio era Unico ed esigeva un culto unico e non condiviso con nessun altro dio, semplicemente perché non c'erano altri dei;
4. I veri valori dell'esistenza umana erano finalizzati all'incontro con Dio a mezzo di Gesù Cristo nell'al di là;
5. Irreversibilità del tempo e Temporalità del mondo;
6. Immortalità dell'anima e giudizio eterno;
7. La verità su Dio è una rivelazione e non un traguardo raggiungibile dall'uomo;
8. La salvezza eterna risiede solo in Cristo Gesù per mezzo della sua morte e resurrezione;
9. Comunitarismo ecclesiastico dei credenti.

Intanto, va detto che nel momento stesso in cui entrarono nella Comunità cristiana, come abbiamo visto per l'apologetica, ci furono sì degli sviluppi positivi ma, per contro, nacquero anche problematiche nuove che portarono col tempo a delle vere scissioni.

Così si ebbero le prime tre grandi divisioni di pensiero: i cristiani di etnia e cultura latina, si legarono alla fede; quelli di cultura ellenica, aderirono molto al pensiero filosofico classico; la terza via, anche la più pericolosa, fu lo gnosticismo (sostituzione della fede con la conoscenza razionale!), presto debellato.

La Patristica, che noi abbiamo presentato giustamente come filosofia cristiana, nel suo sviluppo abbraccia i primi otto secoli della storia della Chiesa cristiana, diventa quasi elemento stabilizzante in questo nuovo fermento culturale.

Il processo endemico, di cui abbiamo contezza riguardo ai suoi più illustri fondatori, la vede avanzare a tappe temporali:

1. Periodo intorno alla predicazione apostolica fino alla metà del II sec.;
2. Periodo dalla seconda metà del II sec. alla metà del III sec.;
3. Periodo da inizio IV sec. alla metà del V sec., è questo il periodo più fulgido per la Patristica: Eusebio, Crisostomo, Anastasio, Ambrogio e Agostino;
4. Periodo che va dalla metà del V sec. all' VIII sec.

2.4 Percorso sintetico ed articolato su Dio e la conoscenza.

Vorrei in questo paragrafo, sia pure attraverso una breve sintesi, presentare alcuni dei riferimenti biblici ed al contempo le tappe scientifiche più rilevanti che trattano della "conoscenza" e della "verità"; in maniera da spingere lo studente/lettore anche ad intraprendere una ricerca biblico-scientifica più approfondita e personalizzata.

I riferimenti scritturali sono i seguenti:

- Lettera ai Romani, al cap.1:19 (Dio invita l'uomo a riconoscerlo anche attraverso la sua creazione);
- Libro del Deuteronomio, ai cap. 5 e 6 (Il Dio di Israele, si palesa come l'unico in quanto tale!);
- Il Libro di Ecclesiaste, al cap. 12:14-16 (La ricerca e la conoscenza di Dio è il tutto per l'uomo);
- Nel Vangelo di Giovanni, dai capitoli dal 6 al 14 (Gesù si rivela, e spiega anche che la verità parte da Dio Padre e si manifesta e rivela attraverso il Figlio, cioè Gesù stesso);
- Libro degli Atti, al cap.17:22, 23 (Paolo di Tarso spiega ai filosofi greci nell'Areopago di Atene, che esiste un Dio, che è l'unico e quello vero).

Adesso, dovendoci spostare sul cammino del "pensiero" umano nel corso della storia, diciamo subito che è stato necessario operare delle scelte, che non sempre accontentano tutti! Nel nostro caso, chiedendo scusa ai tanti omessi, ho ritenuto strutturare codesto processo verso Dio e la verità, aprendo una finestra su alcuni tra i tanti: Agostino d'Ippona, Anselmo d'Aosta, Tommaso d'Aquino, Cartesio, Leibniz, Kant, Locke, Fichte e Godel.

Agostino d'Ippona[39]

Agostino nasce a Tagaste, in Africa, nel 354 d.C. Passò nella sua crescita attraverso il manicheismo, che con la sua visione dualistica del male, causato dal principio cattivo, lo sottraeva all'incubo del rimorso e della colpa. Aveva 28 anni quando arrivò in Italia, prima a Roma poi a Milano, ove dopo aver ascoltato e parlato con il grande Ambrogio accettò Cristo nella sua vita.

---

[39] Agostino d'Ippona (354 d.C.), uno dei più illustri padri della Chiesa.

Scrisse opere colossali per arditezza di pensiero, originalità di disegno e vastità di dottrina. Le più importanti sono: *Confessioni, De Doctrina Christiana e De Civitate Dei.*

Agostino è una delle menti più complesse nella storia del pensiero dogmatico, teologico, filosofico, letterario: costui ordina ogni disciplina in sistema, che va a definire in ultimo sempre il vertice in Dio.

Il dubbio e la conoscenza

Agostino è profondamente convinto che il dubbio, pur valido come strumentale alla ricerca della verità, può essere sciolto ed alla fine si può e si deve pervenire alla verità. E qui egli non intende la verità come concetto astratto, ma come sostegno all'equilibrio dell'uomo, guida morale che conduce alla felicità ed in ultimo a Dio stesso.

Ecco gli argomenti che Agostino oppone ai detrattori della verità:

- *Non si può sostenere che esista il verosimile e non il vero;*
- *Da un confronto discorsivo, quando si addiviene ad una conclusione accettata perché verificabile, è questa certezza;*
- *Il mondo esiste, e questa è già di per sé una certezza;*
- *La matematica dice il vero;*
- *Considero la ragione suscettibile di errore, ciò avviene, quindi conosco un dato certo;*
- *Salvo eccezioni, i sensi non ingannano;*
- *Se dubito di una proposizione, sono certo che il suo negato è vero;*
- *Pur dubitare di tutto si potrebbe in ipotesi ultima, ma mai della propria esistenza;*
- *Anche arrivando a dubitare di tutto, porterebbe almeno a tale certezza.*

Per Agostino, **la conoscenza** è prima di ogni altro "il percepire". Tale percezione avviene per gradi: percezione sensibile, percezione spirituale, percezione intellettuale.

Dio

È chiaro che al centro della concezione della verità di Agostino non poteva non esserci che Dio, come principio e fondamento della verità. Per Agostino, Dio è già presente nell'uomo, e conoscerlo è semplicemente andare alla memoria.

Le argomentazioni che ci palesano l'esistenza di Dio sono dei ragionamenti tesi ad esplicitare quella conoscenza di Lui che già abbiamo implicitamente in noi. Tali ragionamenti hanno convergenza in un solo fine: la ricerca dell'assoluto, dell'eterno e dell'immutabile.

La mente umana riflette su se stessa, sul mondo che la circonda, sul corpo umano e sull'universo, e si accorge di trovarsi per questa riflessione ad un livello altissimo più di tutte queste cose visibili e invisibili.

Però, ciò malgrado, si accorge anche che è anch'essa peritura malgrado il suo possedere idee eterne: allora afferra il valore certo dell'esistenza di Dio come essere e sede di ogni perfezione che pure nell'uomo arriva al limite finito.

E allora Agostino arriva a concepire e ad andare oltre: le cose del mondo, che essendo mutevoli, non possono essersi create da sé, ma devono essere state create da Dio.

Infatti, tutto ciò che esiste senza essere stato fatto, non accoglie in sé nulla che prima non gli appartenesse, ossia non è mutevole; ciò che muta è creatura e suppone il Creatore!

Nell'eternità di Dio non esiste il prima ed il dopo, perché non esiste il tempo; quindi, non si può domandare che cosa facesse Dio prima di creare il cielo e la terra. L'eternità è la presenza simultanea di tutto, senza momenti distinti. Il concetto di Dio esorbita talmente le nostre possibilità conoscitive che possiamo più facilmente dire ciò che Egli non è anziché ciò che è.

Anselmo d'Aosta[40]

Vorrei adesso saltare all'anno 1033-1109. È l'epoca di Anselmo d'Aosta, vissuto nel convento benedettino di Bec in Normandia (Francia). Grande mente filosofica e grande uomo di Dio, di cui andremo a riportare un estratto delle sue opere parafrasandolo.

Anselmo non parte dalla dialettica o dalla logica; egli muove stranamente dalla fede, dalla preghiera, dalla indiscutibile certezza di Dio e della sua Verità. Il suo filosofare non è che una fede che si prolunga in un ragionamento. La sua meditazione filosofica è riflessione su di un indiscusso fondamento dato: la fede! Anselmo dichiara:" Io non voglio capire per credere, ma credo per capire" (credo ut intelligam). Lui realizza che il pensiero è approfondimento di fede, perché dono di Dio!

L'argomentazione di Anselmo intorno a Dio ed alla verità, perché anche per lui come per molti altri la verità si generava in Dio così come vi si identificava, viene definita come argomentazione ontologica o a priori, e si sviluppa in sintesi in questo doppio schema:

a) Quando parliamo di Dio, intendiamo parlare dell'essere di cui niente si può concepire di più perfetto e più grande.

b) L'essere di cui niente si può concepire in tal senso, non può che essere concepito esistente. Quindi non si può che concepire Dio che esistente. Tale essere, non può che essere concepito come necessario.

---

[40] Anselmo d'Aosta (1033 – 1109), grande filosofo e credente nel Dio di Gesù.

A queste argomentazioni, obiettò il monaco Gaunilone con questa affermazione: se fosse come dice Anselmo, dobbiamo credere che esistano tutte le cose perfette, quindi anche un'isola perfettissima; a ciò Anselmo rispose dicendo che il suo postulato era valido solo per Dio, l'unico concepibile come perfetto!

Tommaso d'Aquino[41]

La ragione può con le sue forze dimostrare con procedimento logico che **Dio** esiste. Ciò non è possibile con una prova a priori, come quella di Anselmo, perché in questa prova si parte da proposizioni che esprimono concetti e non dati di fatto.

Perché una tale dimostrazione sia possibile, occorre partire da un principio universale e da una premessa che contiene una costatazione di fatto. Solo in questo modo Tommaso propone cinque vie o dimostrazioni dell'esistenza di Dio:

1. Il movimento che esiste nel mondo;
2. Nel modo ci sono cause ed effetti;
3. Le cose del mondo sono contingenti:
   le cose contingenti esistono per forza altrui;
4. Le cose del mondo sono imperfette;
5. Nel mondo c'è ordine.

Codeste dimostrazioni non solo dimostrano l'esistenza di Dio, ma che Egli è anche essere perfettissimo ed atto puro.

---

[41] Tommaso d'Aquino (1225 – 1274), filosofo e teologo cristiano, esponente della corrente filosofica detta "scolastica".

La ragione non decide se il mondo esiste come una creatura dall'eternità o no; ma la fede ci dice che esiste da un tempo limitato e non dall'eternità.

La conoscenza è un passaggio dalla potenza all'atto delle facoltà conoscitive. Così, mentre le cose materiali sono composte di materia e forma, la conoscenza è solo forma.

Tommaso distingue due tipi di conoscenza: quella sensitiva e quella intellettiva. Nel primo caso abbiamo la relazione dei nostri sensi con il mondo; nel secondo caso, intervengono due facoltà dell'uomo: l'intelletto passivo e l'intelletto attivo, che è immagine di Dio.

Tommaso ci dice, in definitiva, nella sua opera più grande "Summa Theologiae": con la ragione, l'uomo può conoscere il "quia est" (che Dio esiste); mentre, con la Sua rivelazione, possiamo conoscere il "quid est" (cosa Egli è).

René Descartes o Cartesio[42]

Nacque a La Haye in Francia. Una delle menti più eccelse di tutti i tempi. Ecco il pensiero in breve, di questo studioso di scienza a tutto tondo, dal quale tutti i posteri attinsero.

Per Cartesio, all'origine della materia c'è Dio, che la crea, la conserva e le infonde il movimento. Stabilito che Dio esiste, ci è facile riconoscere che è impossibile che Egli ci inganni, visto che l'inganno presuppone imperfezione ed amoralità! Da questo punto di partenza si capisce che l'intuito della mente umana possiede il criterio strumentale innato del giudizio di verità.

Fonda così, in maniera certa e sicura, che il criterio di verità risiede in Dio, che l'uomo con attenzione e ricerca continua troverà certamente nella creatura (natura) in cui Dio ha posto l'uomo, sua creatura eletta.

---

[42] René Descates (1596 – 1650), filosofo e grande matematico del Medioevo.

Siccome di Dio conosciamo con chiarezza ed esperienza pratica, naturale e matematica che egli è estensione e legge di concatenamento, ciò vuol dire che Dio ha posto in noi non inganni ma verità certe, che ovviamente vanno indagate dalle nostre menti limitate (che possono sbagliare, ma non è Dio che sbaglia), che alla fine sicuramente raggiungeranno il vero. Tutta questa costruzione portentosa si fonda sulla famosissima locuzione: *cogito ergo sum!* Che significa: "penso, quindi esisto!".

Per concludere: con Cartesio, ci si accorge per la prima volta che l'universo poggia su basi matematiche!

Gottfried Wilhelm Leibniz

Nasce a Lipsia nel 1646. Con Leibniz arriva veramente l'età moderna, anche per i legami che egli avrà con la riforma protestante che imperversa dal secolo precedente in Europa.

Leibniz distingue le idee che noi possediamo in composte e semplici; le prime si possono dividere, mentre le seconde non si possono ulteriormente analizzare. Quando un'idea è immediatamente presente alla mente, in tutti gli elementi che la compongono e per suo mezzo possiamo subito riconoscere ciò che essa vuole dirci, allora si ha la conoscenza perfetta!

Il principio che fonda la verità delle idee, in Dio è il principio di non contraddizione, per cui fra gli elementi che compongono un'idea, non può esserci contraddizione; in questo caso si può dire che quell'idea è possibile; e quando si è certi della possibilità di un'idea, allora si può sostenere che l'idea è vera.

Nel processo di conoscenza di Dio e della verità del mondo, Leibniz distingue tra verità di ragione e verità di fatto: le prime sono formali e riguardano il possibile; le seconde ci danno informazione sulla verità attuale del mondo.

Concludendo su Dio, Leibniz dice in sintesi: *"Se Dio è possibile, allora esiste!"*.

Immanuel Kant[43]

Nasce a Königsberg nel 1724. Una delle menti più eccelse che l'umanità abbia avuto, Kant ha prestato sempre grande interesse alla ricerca di Dio e della dimostrazione della sua esistenza. Però, lo ha fatto sempre cercando di evitare confusione tra indagine scientifica e contenuti di fede.

Nel suo scritto "L'unico argomento possibile per una dimostrazione dell'esistenza di Dio", Kant non mostra di dare molto credito alle prove che si era soliti addurre per mostrare la plausibilità dell'esistenza di Dio, che volevano tutte partire dalla natura e risalire al creatore. Perciò, egli si muove diversamente, e crede che Dio le abbia semplicemente diffuse non attraverso grandissime speculazioni ma depositandole nel buon senso comune: ogni possibilità presuppone qualcosa di reale, in cui e da cui è dato ogni pensabile.

Ancora, egli partendo organizza la sua rivoluzione del pensiero sui seguenti punti concettuali o categorie, attraverso le quali l'intelletto esplica la sua funzione unificatrice e di giudizio:

1. Unità;
2. Pluralità;
3. Totalità;
4. Qualità;
5. Realtà;
6. Negazione
7. Limitazione;
8. Quantità;
9. Sostanza;
10. Casualità;
11. Reciprocità;
12. Modalità.

---

[43] E. Kant (1724 – 1804), uno dei più grandi filosofi di ogni tempo.

John Locke

Nasce nel 1632 nei pressi di Bristol; la sua maggiore opera filosofica è il "Saggio sull'intelletto umano" ma molto importante è anche l'altro suo lavoro letterario, "Due saggi sul governo civile".

Per Locke, la conoscenza morale ha la stessa certezza della conoscenza matematica, in quanto risulta dalla percezione della concordanza o discordanza delle nostre idee, senza alcun riferimento alla realtà; come i discorsi dei matematici sono validi indipendentemente dal fatto che esistano o no le figure geometriche cui si riferiscono; così "la verità è certezza dei discorsi morali, astrae dalla vita degli uomini e dall'esistenza, nel mondo, di quelle virtù di cui essi trattano".

Per ciò che concerne Dio e la religione, Locke intende per un lato riconoscere la sua autonomia rispetto all'ambito razionale, per un altro impedire ogni sviluppo o irrazionalistico fanatismo. Sta intanto il fatto che, a suo avviso, l'uomo può stabilire razionalmente l'esistenza di Dio; e pertanto, la religione naturale o razionale risulta senz'altro fondata.

A sua volta, la religione rivelata, che si accoglie per fede, deve risultare "ragionevole", cioè determinata e configurata in modo conforme a ragione. Si comprende così che Locke, pur accettando la rivelazione della religione cristiana, ne semplifichi radicalmente il contenuto per farlo tendere al principio di tolleranza religiosa vicendevolmente tra cattolici e protestanti.

In relazione ai gradi di conoscenza, questa può essere: sensoria, intuitiva o dimostrativa. Si ha conoscenza sensoria dagli oggetti esterni che si relazionano col nostro corpo; si ha quella intuitiva, quando due idee sono concordanti o discordanti; la conoscenza dimostrativa, è prodotta dalla mente con un processo di elaborazione logico.

Il sillogismo che Locke escogita per dimostrare l'esistenza di Dio è tanto semplice quanto potente:

1. ogni effetto non può superare la causa;
2. nel mondo esiste l'uomo intelligente;
3. per questa ragione la causa del mondo, è un essere intelligente.

Giovanni Amedeo Fichte

Il massimo rappresentante dell'idealismo tedesco è senza dubbio il filosofo che nacque a Koeningsberg nel 1762, Giovanni Amedeo Fichte. Costui, reinterpreta l'io-penso e si spinge oltre Kant, in senso trascendentale prospettando la conoscenza non semplicemente del sapere, ma dell'essere.

Fichte ricorre al principio della libertà, che Kant aveva ristretto all'ambito della ragione pratica, per risolvere il problema dell'unità del sapere, ancora insoluto nel dominio della conoscenza.

È così che egli costruisce la sua giustificazione dell'unità del sapere, attraverso la organizzazione di tre principi di base. Il primo principio considera che l'io come autocoscienza è la condizione principale ed assoluta di ogni conoscenza; infatti, l'unità del sapere non può essere data dalla molteplicità della sua materia; d'altra parte la materia del sapere rimanda per necessità all'attività dell'io; prova ne è che, tutti gli ostacoli che la materia introduce nel processo di acquisizione di conoscenza – resistenza, limiti, costrizioni – dimostrano che il suo punto di genesi è nell'autocoscienza dell'io, che pur dialogando con ogni dato esterno è del tutto autonomo nella sua identità; questo principio è detto tesi o posizione dell'io originario dell'identità: **A = A**, si afferma qui la continuità, stabilità ed immutabilità del sapere umano.

Il secondo principio che Fichte propone è detto antitesi, ove l'io presuppone il non-io e la logica della contraddizione, secondo cui è: **A = non-A**; questo significa che se il sapere si fermasse all'autocoscienza, non si trasformerebbe mai in conoscenza oggettiva allargata ed esterna all'io.

Il terzo principio, che il nostro grandissimo filosofo ci propone è la sintesi: ossia, quella elaborazione finale che, scaturisce dal limite dell'io e del non-io, che giocoforza leggi trascendenti e dati esterni reali pongono alla libertà assoluta di entrambi. Siccome nella sintesi, a detta di Fichte, si ha la reciprocità del limitarsi tra io e non-io, trova giustificazione la categoria della causalità (il trascendente in senso lato!).

Kurt Gödel[44]

Tra le varie correnti di pensiero che si collocano a cavallo dell'ultimo conflitto mondiale, il neopositivismo è quella che, pur nella fedeltà al criterio generale del carattere rigoroso della riflessione filosofica, ed alla istanza della verifica sperimentale, ha dato luogo a sviluppi più ricchi e significativi.

Questa corrente di pensiero si è interessata principalmente all'analisi del linguaggio scientifico: ma la sua analisi linguistica non avviene, come nel neopositivismo classico, attraverso un approccio analitico "riduttivo", ossia trasformando gli enunciati non appropriati, in altri appropriati, ma con una ricerca descrittiva e classificatoria degli usi linguistici correnti.

---

[44] K. Godel (1906 – 1948), uno dei più grandi filosofi e matematici moderni, esponente del Neopositivismo.

Nell'ambito della corrente tradizionale, negli ultimi decenni sono state affrontate due questioni:

1. il contributo del soggetto nella formulazione di leggi scientifiche;
2. forma di conoscenza analitica e forma di conoscenza empirica.

Una delle menti più sconvolgenti dei neopositivisti è stata senza dubbio alcuno il logico matematico slovacco Kurt Gödel, che nacque nel 1906 e divenne cittadino USA nel 1948.

Gödel, nel Teorema n.5, *"prove ed assiomi"*, espone in maniera egregia la prova ontologica sulla esistenza di Dio: "Dio è un Essere che assomma in sé le qualità positive di tutti gli enti reali. Dio deve esistere come fondamento dell'ordine matematico dell'universo".

Gödel realizza una grande costruzione di formalismo-dimostrativo matematico, attraverso cui perviene alla strutturazione dettagliata del raggiungimento concettuale di completezza e correttezza. Da qui ne discende lo schema della prova ontologica:

1. Ogni proprietà positiva è necessariamente tale;
2. Dio ha solo proprietà positive;
3. L'esistenza necessaria è proprietà positiva;
4. Se Dio è possibile, allora esiste!
5. Un sistema con tutte proprietà positive è compatibile;
6. Quindi, Dio è possibile;
7. Essendo Dio possibile, allora esiste necessariamente.

Ma non è finita qui, il nostro grande matematico arriva addirittura alla dimostrazione del suo Teorema:

1. Definizione di proprietà positiva $\mathbf{P}\,(\varphi)$

2. Definizione di Dio **G (x)**

3. Definizione di relazione di essenza: **φ Essenz. X**

4. Definizione di relazione di necessità

5. **Teorema n.1:**

Se un Essere è Dio, allora ha l'essenza divina!

6. Definizione di esistenza necessaria: **E (x)**

7. **Teorema n.2:**

Se è possibile la sua esistenza,

allora esiste Dio necessariamente!

8. **Dio è possibile!**

9. **Dio esiste necessariamente!**

Argomentazione pro-tesi n.1- filosofico/matematica

Con l'esposizione del cammino filosofico fatto dall'uomo nella ricerca di Dio, e della conoscenza ontologica, ritengo di poter passare alla prima sintesi argomentativa dell'esistenza di Dio.

Schema n.1

<u>ASSIOMI DI BASE</u>: <u>CONSEGUENZA IMMEDIATA</u>

Esistenza: una qualsiasi entità può esistere in sé o in altri;

Potenza: la possibilità di esistenza include necessariamente il concetto di potenza, così come il non esistere include l'impotenza;

Causa: tutte le leggi scientifiche, trovate dall'uomo nella natura sono coesistenti ad essa;

Necessità: come diceva il grande Spinoza: ogni cosa ha una causa o ragione di esistenza o non esistenza; alla stessa maniera, ogni ragione o causa di tale esistere, come si è postulato prima, non può che essere in sé o altrove.

CONCLUSIONI POSTULATE:

1) Una cosa esiste necessariamente quando non c'è causa o ragione che impedisce ciò!

2) Quindi, se non vi è causa né ragione o tantomeno potenza che impedisce l'esistenza di Dio, bisogna allora che Egli esista necessariamente!

3) Siccome la creazione è atto alieno all'uomo, per la indeterminatezza dei suoi limiti e la complessità delle sue leggi regolatrici: solo una colossale matematica prerogativa di Dio, poteva ergersi a linguaggio formale!

CAPITOLO III

La costruzione del pensiero scientifico umano

Premessa

Nel pensare questa lezione, ho avuto un tentennamento nello scegliere gli argomenti più adatti ed incisivi al nostro scopo.

Tutte le volte che ci si trova al cospetto di temi come filosofia, fede, religione e se volete teologia, non è mai facile intavolare un discorso logico coerente con i dati scientifici.

Ad ogni modo, nella presente lezione, cercherò di esporre in maniera assai sintetica dei contenuti scientifici. Tali contenuti vedono in questa premessa il preludio degli interessanti sviluppi che avrà il capitolo. Ovviamente, ho pensato di eleggere come "paladini" di quella che poi sarà la vera scienza, così come noi oggi la conosciamo, due uomini su tutti che meglio potessero rappresentarli: ho ritenuto che i "germi" primordiali ante litteram della modernità fossero già presenti in Anassagora e Cartesio. E prendendo da costoro spunto, ho pensato di strutturare questo capitolo in due momenti: *momento antico e momento moderno,* ed in ultimo una sintetica conclusione.

3.1- Il momento antico

È palese che separare nettamente scienza e pensiero speculativo stretto, non era possibile farlo ai primordi della speculazione filosofica greca. Tuttavia, non mancano, in questi pensatori, teorie scientifiche afferenti alla composizione dell'acqua, del fuoco, dell'aria, ecc. Quindi, senza volergli tutto attribuire, è certo che Talete capì l'esistenza di un principio di uniformità nella natura. La stessa cosa deve dirsi di Leucippo e Democrito: le loro indagini fisiche hanno un forte sapore di modernità, ripensandole oggi. Cosa dire di Pitagora, di Euclide, ecc.

Ecco, con l'evolversi della società greca del V sec. a.C., tutte le precedenti concezioni tradizionali, arrivate negli ambienti dell'aristocrazia, non erano più tanto di moda, e cedevano il passo a nuove concezioni.

È questa l'epoca della nascita di **Anassagora**, il 500 a.C. a Clazomene. Viene in età adulta ospitato da Pericle ad Atene, ove comincia la diffusione del suo sconcertante pensiero per l'epoca: l'aspetto veramente rivoluzionario del suo pensiero, sta nell'aver compreso che il divino andava scisso dalla materia creata! Mai si era sentito una cosa del genere. Per Anassagora, il principio divino restava valido come inizio o punto di partenza (motore di avvio); dopo di ciò, era tutto affidato alla legge, sempre divina, del divenire tesa a concatenare i processi naturali. Era questo il momento di avvio della scienza, intesa come concezione moderna (sperimentalità del fenomeno) o, se vogliamo, l'atomismo che ad Anassagora vide affiancarsi due altri fenomeni del pensiero greco: Leucippo e Democrito. Conferme poi avute dalla fisica e dalla chimica moderne.

3.2 – Il momento moderno

Come sempre accade in questi casi, per una questione soprattutto di natura editoriale, i contenuti che gli autori avrebbero voluto inserire nel testo, non hanno trovato riscontro all'atto pratico. Ecco quindi, anche per me, la necessità di dover dire, in poche parole, contenuti che meriterebbero ben altro spazio. Il momento moderno ho pensato di incentrarlo su Cartesio che, assieme a Galilei e Bacone, con diversi meriti ha contribuito alla nascita della scienza moderna. Però qui daremo solo una brevissima lettura del ruolo di Cartesio, che ebbe il grande merito di dividere le sfere della scienza e della fede, consegnando ad ognuna dignità ed indipendenza.

Per Cartesio, come abbiamo detto già nel capitolo precedente, all'origine della materia c'è Dio, che la crea, la conserva e le infonde il movimento.

Stabilito che Dio esiste, ci è facile riconoscere che è impossibile che Egli ci inganni. Da questo assioma, a suo dire, si capisce che l'intuito della mente umana possiede il criterio strumentale innato del giudizio di verità.

Fonda così, in maniera certa e sicura, che il criterio di verità risiede in Dio; però, l'uomo con attenzione e ricerca continua troverà certamente nella creatura (natura) in cui Dio ha posto l'uomo stesso, sua creatura eletta. Una tale altissima costruzione di pensiero si fonda potentemente sulla famosa locuzione: *"cogito ergo sum"*. In definitiva, con Cartesio, ci si accorge per la prima volta che l'universo poggia su basi matematiche!

3.3 – Pensiero scientifico: le conquiste

Prima di incamminarmi nel presente capitolo a presentare alcune, direi che è veramente poco, tra le più strabilianti conquiste della mente umana, vorrei puntualizzare a mo' di giustifica che: l'aver citato solo Anassagora e Cartesio, è dovuto ad un semplice particolare che li accomuna (entrambi hanno intuito in tempi diversi che, la natura è retta e diviene secondo un predeterminato modello di leggi geometrico-matematiche!).Ovviamente, dopo di loro, come vedremo nelle pagine a seguire, anche altri sono riusciti a carpire con conferme scientifiche questo dato certo ed incontrovertibile: *tutta la creazione, e la conoscenza che siamo riusciti ad avere della realtà, è basata sulla logica matematica!*

Tornando alla scienza, come tutte le vicende umane che si susseguono nel tempo della storia, anche per essa non è stato diverso: il suo è stato un cammino composito, con incomprensioni, insuccessi e gloria senza limiti negli ultimi due secoli vicino a noi. Ovviamente, per ragioni didattiche ma anche editoriali, non ho potuto dare spazio ed un posto a tutti quelli che pure lo avrebbero meritato. Come sempre in questi casi, bisogna operare delle scelte e così è stato fatto.

Poteva essere presente un capitolo scientifico, senza riportare i più grandi successi e con essi gli uomini che li hanno prodotti? Assolutamente no!

Perciò, andrò a presentarvi tre argomenti, che comunque li si voglia guardare hanno delle implicazioni di portata incredibile: la ideazione del computer, la conquista dello Spazio e la scoperta dell'antimateria.

La ideazione del computer

Ho pensato di scegliere questa invenzione umana, nata da matrice matematica, perché la ritengo e credo di essere in buona compagnia, per la devastante implicazione e ricaduta che ha avuto su ogni disciplina scientifica umana. Per la sua rilevanza, allo stato dei fatti, si può sostenere a ragione che è propedeutica ad ogni progresso scientifico del nostro tempo e dei tempi futuri.

Ma cerchiamo adesso di capire dove affondano le sue origini. Avendo già detto della sua matrice matematica. È il caso subito di partire introducendo la matematica binaria: un sistema di numerazione che era già noto agli antichi cinesi; fu poi riesumato nel '600 dal filosofo e matematico tedesco Leibniz, acquistando poi grandissima importanza nel nostro scorso secolo, per la sua applicazione nei calcolatori elettronici (computer).

Di seguito, accenneremo a questi aspetti della numerazione binaria:

- *Come si rappresentano i numeri?*
- *Come si eseguono alcune operazioni?*

La rappresentazione dei numeri, è organizzata in maniera diversa dal nostro sistema decimale, che è basato su dieci cifre; mentre, quello binario ha per base due (il numero "0" oppure il numero "1").

A parte questa particolarità di base, le regole sono le stesse del sistema decimale.

Per esempio, consideriamo un numero decimale intero: la prima posizione a destra rappresenta le unità e può ospitare una qualunque cifra fra 0 e 9, come nello schema che segue.

tab. 2 - Schema ordinativo

Sistema decimale	*Valore di ogni colonna (binario)*				*Sistema binario*
	8	4	2	1	
0	0	0	0	0	0000
1				1	0001
2			2		0010
3			2	1	0011
4		4			0100
5		4		1	0101
6		4	2		0110
7		4	2	1	0111
8	8				1000
9	8			1	1001

La numerazione decimale, adoperata oggi quasi in tutto il mondo, è un sistema di numerazione posizionale, come si nota nello schema, oppure detto ponderato (o pesato). Questo vuol dire che il simbolo (cifra) ha diverso significato e peso, a seconda della posizione che occupa nel numero.

Adesso, riportiamo ancora due esempi semplici, onde vedere praticamente quanto detto e capire anche il modo di come si passa da un sistema ad un altro e viceversa. Il numero 648 decimale, in forma polinomiale si rappresenta come:

$648= 6\text{x}10^2 + 4\text{x}10^1 + 8\text{x}10^\circ = 600+40+8$

Nel caso di un numero binario, il numero:

$1011=1\text{x}2^3 + 0\text{x}2^2 + 1\text{x}2^1 + 1\text{x}2^\circ = 8+2+1= 11$ (decimale)

Ora cerchiamo di continuare l'esposizione del sistema binario e dell'algebra (matematica) di Boole[45], onde capire e bene il ruolo determinante della matematica nell'economia della "creazione" tutta.

Dagli esempi fatti abbiamo capito alcune regole di base fondamentali, in relazione al sistema decimale che conosciamo; per esempio, se volessimo formare un numero maggiore di 9, occorrerebbe introdurre delle cifre a sinistra del numero che abbiamo (es. a sinistra del 648!). Ovviamente sempre adoperando le dieci cifre di base.

Consideriamo adesso un numero binario, come abbiamo visto già nell'esempio di poc'anzi: anche in questo caso la prima colonna a destra, come mostra lo schema ordinativo, rappresenta le unità.

Ma il valore di ogni cifra, quando ci si sposta a sinistra di una colonna, aumenta solamente di due volte. Questo

---

[45] G. Boole (1815 – 1864), un grande matematico britannico.

significa che la cifra 1 vale uno nella prima colonna, 2 nella seconda, 4 nella terza colonna, 8 nella quarta colonna, ecc.

Col sistema binario, ovviamente si possono con un po' di accortezza effettuare tutte le operazioni aritmetiche. Le regole sono le stesse che usiamo col sistema decimale. Tuttavia, poiché si usano solo due cifre (0 e 1), anche i risultati saranno rappresentati da sequele di 0 ed 1.

Per esempio, nel caso della somma, dovendo realizzarla tra due numeri binari, ci troveremmo ad avere quattro possibilità:

- 0+0=0 (con riporto di 0)
- 0+1=1 (con riporto di 0)
- 1+0=1 (con riporto di 0)
- 1+1=0 (con riporto di 1)

sicuramente l'esempio ci aiuterà ulteriormente:

13 + (*decimale*)	1101 + (*binaria*)
9 =	1001 =
——	——
22	10110

Si tralascia qui, la trattazione delle altre operazioni, considerando ben altra la finalità del presente libro. Intanto, procediamo con i restanti contenuti e, diciamo che abbiamo visto come il sistema binario permette di esprimere con due simboli soltanto (0 e 1) qualunque numero ed operazione aritmetica; ma, adesso vedremo come ci consente di rappresentare anche qualunque lettera o segno che sia!

Qui sorge spontanea una domanda: come fa un apparecchio elettronico a "capire" le istruzioni numeriche o letterarie che gli vengono date? In altre parole, come fa ad avere facoltà logiche?

Stiamo per dare anche la risposta a questa importante domanda; però, senza dimenticare quanto abbiamo detto fin qui, bisogna partire dalle categorie logiche su cui può far conto la macchina; che, corrispondono a tre piccole parole molto comuni (e, o, non).

A questo punto, ci dobbiamo addentrare ancora più in profondità nella matematica-informatica e nella elettronica digitale (and, or, not). Questo significa che lettere, numeri e proposizioni matematiche possono essere rappresentate in simboli binari (vero/falso, ON/OFF, 0 e 1) col metodo inventato 150 anni fa dal matematico inglese George Boole.

L'algebra di questo matematico si basa sull'analisi degli enunciati, cioè su frasi che possono avere due soli valori: vero o falso. Ad esempio, le espressioni: "La Luna è più piccola della Terra", "Il Tevere è più lungo del Po", "3-3 = 2" sono enunciati, perché si può affermare senza possibilità di dubbio se sono vere o false.

Invece, le espressioni: "Che tempo fa?" e "Attenzione alle mani!" non sono enunciati, perché non hanno le caratteristiche suddette. Un linguaggio, fatto solo di enunciati, è definito linguaggio logico, essendo esso senza ambiguità e non soggetto ad opinioni.

Mi sembra adesso il caso di entrare ancora più nel merito, cercando di rispondere alla grande domanda: come fa la macchina elettronica a produrre e capire caratteri e proposizioni composte da lettere?

Ho riproposto alcune piccole parole (e, o, non), che hanno un corrispettivo matematico-circuitale binario, che, vengono definiti "connettivi logici" (AND, OR, NOT). Codesti connettivi logici, nella strutturazione dei circuiti elettronici-digitali, assolvono ad un ruolo fondamentale: ci dicono se in un circuito c'è oppure no passaggio di corrente.

Di questa importante possibilità se ne accorse il matematico americano Claude Shannon che, nello scorso secolo, rilevò un'analogia di comportamento tra i valori di verità della logica (vero o falso) ed i possibili stati di un circuito elettrico. Egli dimostrò anche che, utilizzando un certo numero di circuiti, si poteva arrivare a produrre una macchina logica.

È da quel momento che l'algebra di Boole è entrata in scena, come lo strumento fondamentale per la progettazione di ogni tipologia di circuito, oggi definiti logico-matematici: memorie, contatori, codificatori, ecc. Per tutte le innumerevoli possibilità circuitali, c'è dietro la combinazione di questi tre fondamentali connettivi logici detti "porte": porta logica AND, porta logica OR, porta logica NOT.

Detto questo, siamo sempre più prossimi a dimostrare come produrre un enunciato fatto di lettere, di modo che sia compreso dal computer attraverso l'uso dell'algebra binaria di Boole.

Ritornando ai tre connettivi di base:

- Nel caso della parola "e" (AND), ci troviamo in un circuito con due interruttori messi uno dietro l'altro (in serie). Tale combinazione di stato ci può dare quattro possibilità, come mostra la tabella riassuntiva, ma solo una di queste permetterà il passaggio di corrente elettrica (devono essere chiusi entrambi gli interruttori) e realizzare il processo logico:

tab. 3

a	b	Risultato ("a" **e** "b")
on	on	Passa corrente
on	off	Non passa
off	on	Non passa
off	off	Non passa

- Nel caso della parola "o" (OR), ci troviamo in un circuito sempre con due interruttori ma, questa volta, non collegati in serie ma, in parallelo: significa che basta la chiusura di uno dei due, per avere passaggio di corrente.

tab. 4

a	b	Risultato ("a" **o** "b"
on	on	Passa corrente
on	off	Passa corrente
off	on	Passa corrente
off	off	Non passa corrente

- Nel caso della parola "non" (NOT), ci troviamo in un circuito, dove si nega la risposta presente: cioè, se abbiamo in uscita il valore (ON) significa che negandolo si trasforma in "non passaggio di corrente", caso contrario, avendo segnale in uscita "negativo" (NOT), negandolo permettiamo il passaggio di corrente.

tab.5

a	$\bar{a}$ = negato
on	Non passa corrente normalmente
off	Passa corrente: perché viene negato

Ora, siamo veramente al passaggio dai numeri alle parole, quindi andremo a prendere delle lettere che trasformate in codice binario ci permetteranno di scrivere una parola (concetto compiuto). Da tale esempio, si potrà capire e scrivere ogni cosa.

tab. 6

lettere	Codice binario
A	110001
C	110011
S	010010

Parola concetto articolata:
C = 110011, **A** = 110001, **S** = 010010, **A** = 110001
Parola concetto definitiva:
110011110001010010110001 = **CASA**

Abbiamo visto attraverso questa breve esposizione, le basi matematiche che hanno portato alla nascita dell'elettronica digitale ed al computer che ci ha permesso dei progressi vertiginosi, per la velocità con cui esso opera e sviluppa ogni tipo di algoritmo logico-matematico.

Possiamo dire che, dopo il computer, tutto ciò che ci circonda, non è stato né sarà mai più come prima! Ivi compresi i successivi due argomenti che tratteremo.

La conquista dello spazio: matematica e fisica su tutte!

Abbiamo visto nelle pagine precedenti che dalla matematica si è approdati al computer e, con esso, è cambiata sia la metodologia scientifica che la stessa società umana!

Ora parleremo un po' della conquista dello Spazio che il computer, ancora una volta, ci ha aiutato a realizzare.

Come molti sanno, la Terra è avvolta da un involucro di gas che rende possibile la vita sul nostro pianeta. Tale involucro gassoso è molto flebile, rispetto alla massa della Terra: se paragoniamo la terra a un uovo, l'atmosfera ha circa lo spessore del guscio. In questa situazione, si ha che il 50% dell'aria è concentrata nei primi 6 Km d'altezza, e il 99% sotto i 33 Km d'altezza. Se saliamo di 500 Km le molecole di gas sono veramente poche: andando ancora a salire, c'è il vuoto e inizia quella zona che conosciamo come spazio.

Per portare un oggetto nella zona che abbiamo definito spazio, serve un mezzo che raggiunga la fantastica velocità di 11,2 Km/s; altrimenti l'eventuale vettore ricade sulla Terra. E quest'ultimo evento si verifica perché ci sono due forze da vincere:

1. Forza di gravità: causata dalla massa della Terra. Più un corpo si allontana dalla Terra, più tale forza diminuisce: infatti, a 6370 Km d'altezza, il corpo pesa già la metà; a 12740 Km, pesa un quarto; a 19110 Km, pesa nove volte di meno che sulla Terra!

2. La seconda forza di cui si parlava è l'attrito dell'aria: salendo verso l'alto, l'aria offre minore resistenza perché è più rarefatta.
Ma adesso, cerchiamo di capire come è stato conquistato lo spazio.

Ci vuole, abbiamo capito, un razzo: questi, alla partenza brucia molto carburante per sollevarsi di poco, ma poi acquista sempre maggiore velocità. Arrivato oltre i 30 Km di altezza, la velocità cresce sempre di più fino a quando alla soglia dei 500 Km d'altezza, raggiunge la velocità di fuga dalla Terra, i famosi 11,2 Km/s di cui abbiamo fatto cenno.

A questo punto, il nostro razzo è in condizione di lanciare in orbita l'eventuale satellite trasportato; oppure, continuare a salire per lanciarlo verso un'orbita più alta!

Arrivato a questo punto, il nostro satellite deve restare in orbita. Ed in questo caso una mano ce la dà la Luna, essendo un satellite naturale che, ogni 28 giorni, descrive un'orbita completa attorno alla Terra. Poniamoci qui due domande:

a. Perché non si allontana dalla Terra?
b. Perché non cade sulla Terra?

La luna non si allontana dalla Terra perché viene attratta dalla sua massa: infatti, è abbastanza vicina, mediamente 384.400 Km. Però, non può nemmeno cadere sulla Terra: infatti, la sua forza di movimento la fa viaggiare alla velocità di 1 Km/s.

Tutto questo processo si crea e si attua anche nel caso dei satelliti artificiali. Ed ancora una volta, la matematica e la fisica ci hanno fatto capire che tutto è stato predeterminato secondo le meravigliose loro leggi.

In altre parole, la forza centrifuga creata dalla sua velocità è uguale e contraria alla forza di gravità della Terra. Quindi, è questione puramente fisico-matematica di equilibrio: e questo connubio tra la fisica e la matematica ci ha portati sulla Luna ma, anche, a conquistare lo Spazio!

La cosa che qui mi preme sottolineare, soprattutto tesa verso chi è a digiuno di concetti scientifico-filosofici, è la conferma ancora una volta di quello che aveva capito il grande Galileo Galilei: Dio ha lasciato nella natura-creata la sua impronta geometrico-matematica! Le conclusioni di Galileo, in altri termini, significano che <u>la potenza della matematica risiede nel suo essere predittiva.</u> Ecco, avendo adesso preso maggiore consapevolezza scientifica, dal punto di vista chimico-fisico-matematico e se vogliamo filosofico, possiamo anche trattare una breve sintesi del secondo argomento: la conquista della Luna.

Ora, dopo aver esposto le basi scientifico-matematiche, per uscire fuori dal nostro meraviglioso pianeta; cerchiamo in sintesi, di raccontare cosa successe prima del 1969.

Le basi dell'astronautica furono gettate dal tedesco H. Oberth, che nel 1922 pubblicò il suo libro "I razzi nello spazio interplanetario". Tre anni dopo affidò la realizzazione pratica di un modello all'ingegnere Nebel, ma puntualmente l'impresa fallì.

I primi risultati positivi furono ottenuti in Germania intorno al 1930; ci avevano lavorato Nebel e dei suoi amici, tra i quali si distinse un giovane di nome W. Von Braun[46]!

Siamo arrivati nel 1932, e Von Braun accetta un'offerta dell'esercito tedesco di Hitler. Così, ad appena 22 anni si laurea con una tesi che diventa segreto per lo Stato tedesco di Hitler.

Da quel momento in poi tutto passa sotto il controllo di Hitler, che nella base di Peenemünde affida a Von Braun un ruolo preminente. Non ci mise molto tempo, questo geniale ingegnere, a perfezionare i suoi missili; però, nonostante tutto, non riuscì a perfezionare il suo missile capolavoro (V-2), perché la guerra volse alla fine.

A fine conflitto gli americani, dopo aver ispezionato la base di Peenemünde, si accorsero che i tedeschi erano molto avanti con la missilistica. Così, sempre gli americani, portarono Von Braun ed il suo team di tecnici missilistici negli USA.

Comincia dal 1957 la corsa alla conquista dello spazio, di cui qui in breve esporremo le tappe più importanti. E il particolare fondamentale che non sottolineerò mai

---

[46] W. Von Braun (1912 – 1977), scienziato ed ingegnere tedesco, padre della missilistica americana.

abbastanza è il ruolo fondamentale della matematica e della fisica svolto in questa "gara".

Le potenze in competizione erano USA e URSS (Russia di oggi): nel 1957, l'URSS manda in orbita il primo satellite artificiale, lo "Sputnik"; l'anno successivo gli USA mandano il loro primo satellite in orbita che è l'"Explorer"; arriviamo al 1961 e l'URSS lancia il primo uomo nello spazio, Yuri Gagarin[47] a bordo della Vostok-1; è il 1964 e gli americani mandano a circumnavigare intorno alla Luna il Ranger-7, che manda foto incredibili e complete del satellite.

Eccoci, è il 1969, gli americani conquistano la Luna e vi fanno mettere piede all'uomo per la prima volta: sarà il loro astronauta Neil Armstrong[48]. Ma ecco che, nel 1981, gli USA lanciano il primo Space Shuttle, aprendo in sostanza ai voli interplanetari. E non è finita qui!

La scoperta dell'antimateria - (a cura di Gino Isidori)

Quando nel 1928 **Paul Dirac**[49] ipotizzò l'esistenza dell'antimateria, furono in molti a restare perplessi: si trattava infatti di un concetto troppo rivoluzionario per essere accettato facilmente.

Nel 1932 però accadde qualcosa di sorprendente: **Carl Anderson**, un giovane fisico del California Institute of Technology, riuscì a fornire una evidenza concreta dell'esistenza dell'antimateria. La scoperta avvenne nel corso di un esperimento volto a studiare la natura dei Raggi

---

[47] Y. Gagarin (1934 – 1968), cosmonauta russo, il primo uomo ad andare nello spazio.

[48] N. Armstrong (1930 – 2012), cosmonauta americano e primo uomo ad andare sulla Luna.

[49] P. Dirac (1902 – 1984), fisico britannico e primo scienziato a predire l'esistenza dell'antimateria.

Cosmici, il flusso di particelle provenienti dallo spazio che ad ogni istante colpisce il nostro pianeta.

In particolare, l'esperimento analizzava le tracce lasciate dalle particelle nell'attraversamento di una camera a nebbia (un apparato costituito sostanzialmente da una camera piena di vapore, in cui il passaggio di una particella carica viene visualizzato dall'apparire di una scia di bollicine).

Fra tante tracce ordinarie, Andersen ne identificò una particolare, che corrispondeva al passaggio di una particella con massa uguale all'elettrone ma carica elettrica opposta, cioè positiva: era il primo segno tangibile dell'esistenza dell'antielettrone, che oggi chiamiamo positrone.

Da allora le evidenze sperimentali dell'esistenza dell'antimateria si sono succedute a ritmo crescente ed attualmente la creazione di antiparticelle è un fenomeno di routine in numerosi laboratori di alte energie di tutto il mondo.

Lo strano comportamento di materia e antimateria

Cosa intendiamo esattamente quando affermiamo che le antiparticelle hanno carica uguale ma opposta alle particelle?

In realtà, per "carica" si intende tanto la carica elettrica - che determina il comportamento di due particelle che si attraggono o respingono per effetto dell'interazione elettromagnetica - quanto caratteristiche analoghe, come la carica di colore che determina il comportamento delle particelle nelle interazioni nucleari forti. Dunque, particelle e antiparticelle, avendo massa uguale, si comportano in modo identico sotto l'effetto della forza di gravità ma si comportano in modo opposto per quanto riguarda tutte le altre forze fondamentali.

Di cruciale importanza è il fatto che quando particelle ed antiparticelle entrano in contatto fra loro, tendono molto rapidamente ad annichilirsi, ovvero a fondersi l'una con l'altra, trasformando tutta l'energia in loro possesso in radiazione elettromagnetica: una forma di energia analoga alla luce ed alle onde radio ma di intensità molto maggiore. Si tratta di una delle più spettacolari evidenze del fatto che la massa (e dunque la materia) non è altro che una particolare forma di energia, come previsto dalla teoria di Einstein.

L'annichilazione fra particelle e antiparticelle è il motivo per cui, in un Universo come il nostro, dove domina la materia, è molto difficile osservare l'antimateria. Tuttavia, sotto certe condizioni questo processo può essere invertito, cioè possono crearsi coppie di particelle ed antiparticelle a partire da radiazione elettromagnetica di sufficiente energia.

La creazione di coppie di particelle ed antiparticelle avviene spontaneamente quando una radiazione sufficientemente energetica attraversa la materia, cosa che permise ad Anderson di osservare l'antielettrone nel 1932. E' questo il meccanismo utilizzato per creare artificialmente antiparticelle nei laboratori di ricerca in tutto il mondo.

Paul Dirac: Il padre dell'antimateria

L'antimateria è uno dei concetti rivoluzionari nati nei primi trent'anni del '900, esaltante periodo in cui si gettarono le basi della fisica moderna. A ipotizzarne l'esistenza fu nel 1928 Paul Dirac, alla ricerca di una teoria che conciliasse i principi della meccanica quantistica con quelli della relatività ristretta. La teoria della relatività ristretta, formulata da Albert Einstein all'inizio del secolo, portò i fisici ad unificare i concetti di spazio e tempo e, allo stesso tempo, cambiò radicalmente la descrizione dei fenomeni che avvengono alle alte energie, ovvero a velocità comparabili a quella della luce.

In un ambito del tutto indipendente - quello della fisica atomica - nasceva pochi anni dopo la meccanica quantistica, formulata matematicamente da **Erwin Schrödinger**[50] e **Werner Heisenberg**[51].

Questa seconda rivoluzione, forse ancor più straordinaria di quella di Einstein, portò ad una nuova concezione delle particelle subatomiche, considerate ora entità con caratteristiche comuni sia alle onde che ai corpuscoli.

Alla fine degli anni '20, il non ancora trentenne Paul Dirac era impegnato a trovare una teoria in grado di descrivere il comportamento delle particelle subatomiche anche ad alte energie.

Questa ricerca portò il giovane scienziato alla formulazione della meccanica quantistica relativistica, teoria che attualmente descrive con successo il comportamento di tutte le particelle note. L'aspetto più affascinante, che lasciò sorpreso lo stesso Dirac, è che tale teoria prevede per ogni particella dotata di carica, l'esistenza di un'altra particella dotata di massa identica e carica opposta: quella che oggi chiamiamo antiparticella.

(Fonte: Gino Isidori dell'Istituto Nazionale di Fisica Nucleare – http://scienzapertutti.infn.it)

Argomentazione pro-tesi n.2
storico/archeologica/scientifica

La nostra rassegna di concetti e contenuti scientifici non si è esaurita; vorrei presentare un'altra argomentazione scientifica tratta da un prezioso lavoro di **Georges**

---

[50] E. Schrodinger (1887 – 1961), fisico austriaco e grande studioso della meccanica quantistica.

[51] W. K. Heisenberg (1901 – 1976), fisico tedesco e tra i fondatori della meccanica quantistica.

Barbarin[52], scrittore francese morto nel 1965. Mi limiterò a riportare dei numeri, onde sottolineare se ce ne fosse bisogno, ancora il ruolo e la presenza della matematica nella vita dell'uomo. In questo caso, i numeri ed il loro utilizzo sono legati ad eventi e luoghi storico-geografici.

Quello di Barbarin resta, ancora oggi, il più completo lavoro di ricerca fatto sulle piramidi d'Egitto. In particolare, la ragione che mi ha spinto a riproporne alcuni stralci risiede nel fatto che attraverso tali dati, come vedremo più avanti, possiamo verificare delle corrispondenze variegate: ossia che, nello specifico, quelli inerenti la piramide di Cheope, sono risultati essere dei dati veritieri, ma a dir poco alla luce di analisi comparata di diverse discipline come archeologia-storia-matematica-fisica.

Ne andremo a vedere qui qualche esempio. Diciamo subito che i copti, etnia discendente dagli antichi Egizi, hanno da sempre considerato le Piramidi, ed in particolare quella di Cheope, un deposito di dati scientifici.

Alcuni dati: la base della Piramide di Cheope è un quadrato dal lato di 232,805 metri, corrispondente ad una superficie di 53.824 metri quadrati; la sua altezza, è di 148 metri, ove il quadrato di questa corrisponde alla singola superficie delle facce; codesta altezza se moltiplicata per 10 elevato alla nona potenza, darebbe la distanza media terra-sole. Al riguardo: la scienza moderna, è riuscita in questo calcolo solo nel XX secolo.

Non è finita: il perimetro basico della Piramide, che corrisponde a 931,22 metri, dividendolo per 2 volte l'altezza della Piramide ci fornisce il valore di Pi greco!

---

[52] G. Barbarin (1882 – 1965), studioso francese di esoterismo, esperto nello studio dei contenuti delle piramidi d'Egitto.

Nella costruzione della Piramide fu adoperato il cubito sacro, che è equivalente alla misura di 0,635660 metri, numero che se moltiplicato per 10 milioni, ci fornisce il raggio che dal nostro centro terrestre arriva ai poli (6.365.600). Ancora, se prendiamo il volume della Piramide e lo moltiplichiamo per la densità della pietra che venne adoperata per la costruzione, arriviamo ad avere a densità della Terra.

Sempre senza scadere nel misticismo, alla stessa maniera con cui ho riportato dati e calcoli scientifici, ho il dovere di presentare, se vogliamo, alcune importanti "coincidenze":

all'interno della Piramide, tra le tante cose interessanti, vi è la cosiddetta Camera del Re. Una stanza molto grande, con le seguenti misure: lunghezza di 10,46 metri, larghezza di 5,23 metri ed altezza di 5,58 metri. All'interno di questa stanza vi è posta un'Arca con le seguenti misure: 1,97 di altezza, 0,68 di larghezza e 0,85 di profondità; particolare estremamente interessante dal punto di vista storico-matematico: la capacità cubica di detta Arca è corrispondente a quella dell'Alleanza, che Mosè fece costruire per gli Ebrei.

Per chiuderla qui, ma sempre restando su di un piano rigorosamente scientifico: il Barbarin riportò il suo pensiero alla fine delle sue lunghe e ricche ricerche: egli sosteneva che la Piramide di Cheope aveva una cronologia scientificamente sincronizzata con l'Antico ed il Nuovo Testamento.

Ecco, attraverso questi dati tanto ricchi di retaggio scientifico antico, quanto rivelatori di simbolismi profondi, che forse ancora dovrebbero vederci impegnati umilmente nella loro comprensione, si vuole, sempre attraversando trasversalmente la storia, la filosofia e la scienza antica, portare in superficie un dato comune a tutti i popoli di ogni tempo: **Dio esiste!** Adesso, però, dopo aver letto questi dati matematico-statistici, ma soprattutto dopo l'esposizione delle due tra le più grandi conquiste fatte dalla mente umana di tutti i tempi, vorrei chiudere il capitolo.

E lo farò, riportando il pensiero di un eminente matematico del nostro tempo, **John Barrow**[53], il quale dice:

"I risultati delle odierne ricerche scientifiche, hanno stabilito senza dubbio alcuno delle certezze scientifico-matematiche inerenti all'identificazione e la presenza certa, di tutta una serie di numeri, che stanno alla base di ogni realtà fenomenica della vita sulla terra e nell'universo, determinandone la contingente ciclicità".

Stiamo parlando semplicemente di numeri (che gli studiosi definiscono "costanti universali"), che rappresentano ciò che abbiamo studiato sin da piccoli, e mai, avremmo pensato avessero cotali misteriose implicazioni sulla nostra esistenza: velocità della luce, la forza di gravità, il numero di Avogadro, distanza Terra Luna e Terra Sole, ecc. Ora, dopo la strutturata esposizione scientifica fatta, che ha portato a nostra conoscenza (il testo è incentrato sulla conoscenza e su Dio!) concetti e realtà scientifiche, tutte che depongono a favore della esistenza di un Essere Trascendente (Dio); mi sento di dover dire, a tutti coloro che avanzano ancora oggi riserve verso tale Essere, che sarebbe il caso, di riflettere col grande matematico John Barrow ed entrare nel senso più pieno del suo pensiero.

---

[53] J. D. Barrow (1952 – vivente), cosmologo e matematico inglese.

Considerazioni conclusive sul capitolo

Ritengo che quanto esposto sin qui abbia dimostrato, senza ombra di dubbio, un fatto certo: *Dio esiste!* Per conseguenza logica, ancor prima che teologica, è stato proprio Lui a creare tutto ciò che l'uomo può vedere, ma anche e soprattutto ciò che non vede! Credo anche ad un altro fatto: come esito conclusivo, per quello che era il terzo quesito *"la compatibilità tra scienza, fede e filosofia"* il sottoscritto, pur nel rispetto di qualsivoglia diversa lettura e pensiero sui dati scientifico-filosofici, ma soprattutto verso una sensibilità di fede diversa, si sente di poter affermare l'assioma dell'esistenza di Dio.

Partendo da questo assunto che, si tenterà di argomentare nel prossimo ed ultimo capitolo, quella che può essere la plausibilità scientifica a testimoniare la credibilità di una religione piuttosto che un' altra. Ciò volevamo e questo tenteremo di fare: andando a trattare proprio l'aspetto ed il ruolo che, la religione con i suoi "Profeti" o "Messia" si è ritagliato nelle vicende umane.

Ovviamente, pensando con tenerezza, ma anche con rigore ed onestà intellettuale senza sofismi di sorta, ho voluto concedere, ad un eventuale ipotetico lettore, che ancora non avesse scelto di credere in Dio, un'ipotesi ultima di riflessione, scevra da qualsivoglia pregiudizio e basata solo su un'analisi sorretta da una personale onestà intellettuale: *pur non considerando Dio come autore, vorrei sapere dal lettore che non crede, come bisogna chiamare l'Essere capace di rispondere ai seguenti quattro interrogativi?*

1. È plausibile che circa 40 miliardi di anni addietro, tre elementi sub-nucleari, chiamati elettrone, protone e neutrone, che sono i mattoni con cui esiste ed è stato formato l'universo, siano venuti dal caso?

2. La scienza ci dice che: in natura nulla si crea, nulla si distrugge e tutto si trasforma! Ma siccome la scienza ci dice pure che, la vita "bios" in greco, può nascere solo dalla vita! Come è potuto succedere che questi tre elementi presenti nelle strutture di tutto l'universo non siano diventati tutti umani o pianeti (e perché noi umani non siamo pianeti?).

3. Siccome le proporzioni ed i rapporti tra masse e distanze, come ci ha spiegato Newton, sono matematiche, come è possibile che il sole, la terra e la luna, nella loro coesistenza siano così matematicamente legate, dal caso, o da chi altro?

4. Come è possibile che, se per ipotesi summa le cellule primordiali fossero state capaci di ordire un autoprocesso chimico-fisico-elettromagnetico di tendenza alla vita, si siano autolimitate a destinarsi chi alla produzione del capello e chi alla produzione del cuore piuttosto che il cervello o di qualunque altro organo?

CAPITOLO IV

Conclusione Epistemologica

4.1 - Perché Gesù Cristo e non un altro?

- ***Matrice immanente***
  - *-paradigma rivoluzionario-eversivo (Marx)*
  - *-paradigma maestro-guida spirituale (Ghandhi)*
- ***Matrice trascendente***
  - *- paradigma arcaico-classico (Buddha, Maometto, Gesù Cristo)*

Malgrado ci si trovi nell'era della fisica e del pensiero quantistico, c'è comunque un notevole strumento epistemologico, che ho eletto a nostra guida: si tratta del principio metodologico detto "Rasoio di Occam"[54]. Dal nome di un frate inglese del XV secolo che sosteneva:" *tra le diverse spiegazioni di un fenomeno naturale, si dovesse preferire quella che non moltiplica enti inutili.*

Per quanto detto, anche in questo capitolo faremo epistemologia, come confronto critico e costruttivo con il sapere di altre discipline umane. I personaggi della categoria religiosa, che hanno comunque segnato la storia di miliardi di esseri umani, saranno sottoposti ad analisi comparata, ma anche a verifiche di merito nello specifico. D'altra parte, uomini che a torto o a ragione hanno influenzato la vita di miliardi di loro simili, era pure giusto che passassero al vaglio della attendibilità storica e della verità scientifica riguardo alle

---

[54] G. di Occam (1288 – 1347), filosofo, teologo e monaco inglese.

loro persone ed ai documenti ad essi concernenti! Le discipline di rango scientifico, che ci aiuteranno a fare un po' di chiarezza saranno soprattutto la psicologia, la sociologia, l'antropologia e la storia delle religioni.

Iniziando dalla psicologia, e relazionandola al nostro contesto di studio: questa scienza, ha introdotto, o meglio, ha precisato la "dimensione del sospetto" e dell'indagine critica, anche in ambito religioso, sia per ciò che attiene ai processi psichici interni, sia nella realtà esterna con cui essi sono collegati.

La psicologia ma anche la psichiatria, come scienze studiano ed investigano il vissuto psichico di una persona: il suo comportamento, nell'ambito di una cultura complessiva. Non pretende di entrare e giudicare il dominio del trascendente e della fede; ma, organizza un'indagine che resta nei limiti suoi propri, dove al massimo tenta di scorgere nevrosi e dissimmetrie psicologiche.

Siamo alla sociologia: ogni dimensione religiosa, nasce e prende ad organizzarsi in un determinato contesto culturale; il grande sociologo protestante Max Weber, non a caso ha creato ed individuato e nessi tra etica protestante e spirito del capitalismo. In altre parole, la modernità ha a che fare con gli universi religiosi; ecco allora che, la sociologia delle religioni ha interesse a capire per interpretare la dimensione del religioso e le sue trasformazioni. Che ben venga una tale scienza!

L'antropologia è la scienza per antonomasia che studia la società umana in tutte le sue declinazioni: al tempo stesso è "scienza dell'uomo", nel senso che oggi, con le sue statistiche, ricerche e proiezioni al domani, si interessa e ci aiuta anche a prevenire situazioni problematiche.

Così, è con un tale mosaico di approcci che si riesce con minor fatica a riflettere veramente e seriamente su Dio, soprattutto dopo Auschwitz!

L'ultima scienza, che ha interesse ed in un certo senso le coordina tutte, quelle citate, è la storia delle religioni. In tal senso, non c'è molto da spiegare.

Piuttosto, vorrei adesso esporre la metodologia epistemologica, nella sua struttura analitico-comparata, cui dovranno rispondere le connotazioni globali dei nostri "competitors" storici; e per ultimo, a fine lavori, inquadrarlo nello schema n.2 (storico) da me ideato, per confrontarlo con la "plausibilità" storica comparata di diverse discipline coinvolte.

Intanto, il primo modello assai rigoroso per la verità, cui sottoporremo ad analisi scientifica di credibilità i personaggi storici, è quello di "matrice trascendente"; essendo, l'altro modello, logicamente non consone ai personaggi ed al messaggio che questi avrebbero detto di ambasciare!

Per lo stesso motivo di cui poc'anzi, non risultano interessanti ai fini del nostro studio **Marx** e **Ghandhi**[55]; in quanto categorie di altro genere.

Contenuti canonici "Matrice trascendente":
1. Chiamata divina;
2. Rifiuto della chiamata;
3. Messaggio storico-locale, con proiezione nell'economia della storia globale;
4. Ruolo di Profeta e Messia nella stessa persona;
5. Riformare ma senza cancellare il passato, da reinterpretare;

---

[55] M. K. Gandhi (1869 – 1948), politico, filosofo ed avvocato indiano del periodo coloniale britannico.

6. Poteri taumaturgici disparati;
7. Messaggio di salvezza: ora e qui, ma proiettato nella vita dopo la morte.

Ebbene, a questi canoni, la storiografia ci propone di poter mettere in analisi-comparata tre persone: **Buddha**, **Maometto** e **Gesù Cristo**. Prima di passarli in rassegna nello schema a matrice comparata, proponiamo ancora una volta allo studente-lettore di tenere bene a mente, quello che è lo schema guida nell'approccio ad un percorso scientifico di conoscenza.

<u>schema (F. Ferrier) sintetico per indagare un processo di conoscenza</u>

Giudizio sintetico su Buddha: *non è mandato da alcun Dio!*
Giudizio articolato su Buddha:

La ricerca storico-antropologica non ci ha messo molto a verificare la non compatibilità totale, di cui ai requisiti sopra. Per la verità, il Buddha riesce al massimo ad ottemperare i canoni per entrare nel sottomodello "maestro-guida spirituale". Perciò, si esclude subito la sua competizione con Maometto e Gesù; e si sintetizza con il seguente giudizio di merito: *"…è un annunziatore, senza chiamata divina, la cui verità è stata da lui cercata e trovata con sacrifici e sforzi personali. Verità finalizzata ad una serenità e pace interiori, ma per vivere bene qui ed ora. Verità che ha piacere di trasmettere agli altri uomini che si basa su una sua conoscenza personale, osservando gli uomini ed ascoltando l'universo suo interiore e quello della natura"*. Chiudiamo con Buddha, dicendo che per sua stessa ammissione, ha detto di essere: solo un maestro-guida!

Schema a matrice n.2: **BUDDHA**

Prova	**valore**	**valore tipologia**		**responso**
1/ colonna	*2 / colonna*	*3/ colonna*	*4/ colonna*	**valore numerico**
certa	0/4 0/4	Narrazioni testi sacri+prova Storica+archeologica Modello +matematica	vero	1/4 0/4
incertezze	0/3	Narrazioni testi sacri	verosimile	1/3
inattendibile	0/2	Solo Narrazioni ufficiali	Non epistemologica	2/2
falsa	0/0	Narrazioni non verificabili	Non considerabile	0/0

Tot. 4

<u>Giudizio sintetico su Maometto:</u> *<u>non è quello che pensa e dice di essere!</u>*

<u>Giudizio articolato su Maometto:</u>

Maometto nasce alla Mecca, nel 570 d.C. Restato orfano dei genitori, venne allevato da suo zio Abu Talib.

Maometto fu definito profeta da un asceta cristiano della Mecca, tale Waraka Ibn Nawfal, che disse a Maometto che lui era il profeta che si aspettava da tempo.

Costui ha sempre sostenuto di aver ricevuto il Corano dall'arcangelo Gabriele, che gli era apparso come una luce accecante. Gli fu dato in arabo, e tra i contenuti spiccano quattro punti importanti, che depongono a suo sfavore, nella verifica scientifica:

1. L'Islam ritiene profeti anche Abramo, Mosè e Gesù (tracce certe di copiatura dall'Ebraismo e dal Cristianesimo);

2. L'Islam prevede la conversione forzata (è quantomeno contraddittorio, in relazione alla legge dell'amore universale tra gli esseri umani);

3. L'Islam prevede rituali e sacrifici, finalizzati a compiacere Dio, onde meritare il Paradiso (la salvezza, essendo troppo "alta" in tutti i sensi, può solo essere prerogativa di un Dio!); che nessun uomo potrà mai raggiungere da solo;

4. L'Islam assorbe in un processo di inculturazione storico-politico, accompagnato ovviamente da sincretismo religioso, il grosso della religione dei Nabatei: ossia, anziché cancellarne le divinità idolatre pagane, come spesso faceva e farà nel corso della storia, le ingloba e le declassa al rango di creature angeliche.

Schema a matrice n.2: **MAOMETTO**

Prova	valore	valore tipologia		responso
1/ colonna	*2 / colonna*	*3/ colonna*	*4/ colonna*	**Valore numerico**
certa	0/4 0/4	Narrazioni testi sacri+prova Storica+archeologica Modello +matematica	vero	2/4 2/4

incertezze	0/3	Narrazioni testi sacri	verosimile	2/3
inattendibile	0/2	Solo Narrazioni ufficiali	Non epistemologica	2/2
falsa	0/0	Narrazioni non verificabili	Non considerabile	0/0

Tot. 8

Giudizio sintetico su Gesù Cristo: *è quello che dice di essere, senza ombra e dubbio alcuno!*

Giudizio articolato su Gesù Cristo:

Premessa

La decadenza sociologica della nostra società, il disamore per il religioso in generale, il distacco dal cristianesimo anche di molti cristiani, ha prodotto una rottura profonda, con quella che era prima di ogni cosa una "simpatia" per la persona ed il messaggio di Gesù.

Ora, l'al-di-là da questa vita, che con le sue idee di Dio, dell'immortalità, del giudizio e della salvezza, era stato un orizzonte di serenità e sicurezza, tutto questo oggi è sparito: l'uomo del nostro tempo, quello con una certa sensibilità, più che mai tende a sprofondare ed a perdersi nelle problematiche globali (Isis), che gli hanno tolto l'ultimo sentimento verso il credere che la vita abbia un senso alto!

La tesi che questo libro ha tentato di dimostrare, come abbiamo detto sin dall'inizio, era rappresentata dai tre quesiti circa Dio. La robustezza delle domande richiedeva un'esposizione semplice, ma non banale, allo stesso tempo onesta nei dati e potente nelle architetture logico-filosofiche. Riteniamo di aver profuso impegno ed onestà intellettuale, e se siamo riusciti almeno ad "intrigare" circa l'interesse verso il Creatore di ogni cosa, questo già ci basta. La sfida che ci attendeva era notevole, e per il rispetto che si deve alla dignità dell'uomo ed alla verità, i contenuti, andavano e sono stati portati alla prova della scienza contemporanea, che si occupa di conoscenza (Epistemologia). Bisognava utilizzare un linguaggio filosofico-scientifico, raggiungibile da altri e questo è stato fatto onestamente, nella speranza di esserci riusciti.

Ciò che rende il problema della dimostrazione di Dio, per chiunque volesse farlo nel nostro tempo, un qualcosa di complicato: *perché il nostro uomo contemporaneo, non vuole, e cosa ancora più grave, c'è anche chi gli insegna a non credere a nulla.* In effetti, l'assioma platonico-agostiniano: l'essere è il bene, sembra aver perso ogni valore di speculazione seria ed assurto a moda intellettuale. La concezione naturalistico-meccanicistica, che certi scienziati con poca onestà intellettuale propugnano, ha reso impossibile il rapimento poetico della bellezza dell'universo!

Ecco, a questo rinunciare al rapimento poetico che il Creatore ci propugna, noi vogliamo dire no! Facendo passare un messaggio attraverso il presente lavoro: di una fede, la quale partendo dalla realtà di Dio definita e suggerita mediante una rilettura critica e non di "moda" ma moderna delle prove dell'esistenza di Dio. Una tale fede, non può che giungere attraverso la rivelazione, la figura e l'approfondimento dell'opera di Cristo, finalizzata ad una salvezza personale nel contesto della storia di allora come di oggi, perché sempre attuale!

Dopo questa doverosa premessa, che il ruolo e la persona di Gesù, richiedevano si facesse; credo si possa passare a propugnare l'articolazione del giudizio, che ad inizio paragrafo è stato espresso come per gli altri in sintesi, ma qui ne vogliamo dare contezza di contenuti su chi è stato il Gesù storico:" La vera differenza categoriale, ad avviso di chi scrive, va individuata tra la figura del Profeta nella sua valenza propria, ed il salvatore Messia per gli altri.

Troppo facilmente confusi, imprecisi, inconsistenti e scevri di contenuti storico-antropologici negli altri pretendenti; mentre, in Gesù, per la co-presenza di ruoli ed attribuzioni che i popoli primi, e le autorità poi del suo tempo ebbero a riconoscergli, si fondono insieme e lo definiscono senza dubbio Messia e Profeta! Ma altro fatto sconvolgente, che arricchisce il giudizio scientifico a pro, è il fatto che Gesù, come nessuno dei suoi "competitors", è stato al contempo salvatore e vittima! In definitiva, se qualcosa di "unicum" andrebbe cercato in questi tre uomini, doveva essere il potere taumaturgico e la potente consapevolezza di dover andare a morire. Ebbene, ancora una volta, ciò è stato rinvenuto come presente solo nel Gesù storico!

Al giudizio scientifico, cui si è pervenuti analizzando una prima parte di contenuti; andremo ora ad allineare il secondo blocco di documentazione storiografica, che sottoporremo ancora una volta alla metodologia epistemologica. Ci serviremo, come fatto fin qui, di modelli creati dal sottoscritto, ma integrati con metodologie scientifiche.

Schema a matrice n.2: **GESÙ CRISTO**

Prova	valore	valore tipologia		responso
1/ colonna	*2 / colonna*	*3/ colonna*	*4/ colonna*	**valore numerico**
certa	0/4 0/4	Narrazioni testi sacri+prova Storica+archeologica Modello+matematica	vero	4/4 4/4
incertezze	0/3	Narrazioni testi sacri	verosimile	3/3

inattendibile	0/2	Solo Narrazioni ufficiali	Non epistemologica	2/2
falsa	0/0	Narrazioni non verificabili	Non considerabile	0/0

Tot. 13

Questo schema a matrice, semplice e intuitivo nella sua strutturazione, ci mostra come il massimo valore che una prova può ottenere è 4; questo significa che, le altre valorizzazioni possono dare stime diverse, che certamente non saranno mai ritenute di rango epistemologico-scientifico.

La conclusione alla quale si perviene, ha certamente un margine di errore come tutta l'esperienza umana, che nel nostro caso alla luce dei risultati da noi ottenuti, è risultato essere del 1,5%, direi non male, per essere una verifica scientifica!

Intanto, come anticipato, da integrare al presente modello, vi è l'ultimo passaggio: l'esposizione argomentativa. Porteremo sotto i riflettori dell'analisi critico-testuale il cammino storico, che ogni documento ha fatto. Ovviamente, saranno studiati ed attenzionati i documenti di matrice cristiana ma anche di altra matrice (es. apocrifi).

Argomentazione pro-tesi n.3 – scienze integrate

Tutte le fonti storiche su Gesù e metodologie di analisi

È sempre stata la persona e la figura storica più indagata e controversa. Se restiamo strettamente nel cristianesimo, si son fatte sin da dopo la sua morte, come abbiamo letto nel capitolo inerente alla filosofia, discussioni teologiche e filosofiche intorno alla natura del Gesù storico. Arrivati al XIX sec. però, è successo un fatto nuovo: si è insinuato il dubbio sulla sua effettiva esistenza storica. Questo dato mai prima di allora si era messo in discussione, sia pure per molti versi un po' mitizzato. È "stranamente" la critica storica che, forse suo malgrado, ha reso giustizia alla più grande delle verità inerenti Gesù: la sua esistenza storica. Così, con la ricerca della "fonte storica vera", si prese coscienza di un fatto che era sempre stato conosciuto: di Gesù abbiamo molte prove e resoconti, certamente di parte, mentre, si hanno poche notizie da fonte non cristiana o se vogliamo scientifica: gli archivi dell'Impero Romano ed i resoconti degli storici ed intellettuali romani contemporanei, gli archivi della cultura e degli eventi che gli Ebrei ebbero a vivere prima e dopo la distruzione del secondo Tempio. Perciò, soprattutto con l'avvento del pensiero di Erasmo da Rotterdam[56], gli studiosi, i più seri ed eccellenti nei loro campi, si misero in moto e via! Il materiale raccolto ha rappresentato una grande mole, e servì per definire

---

[56] Erasmo da Rotterdam (1466 – 1536), teologo e filosofo olandese, uno tra i fondatori dell'Umanesimo.

veramente in termini e modalità scientifica, grazie alle metodologie epistemologiche delle scienze integrate, come abbiamo avuto modo di vedere e capire, chi era e dove era vissuto e cosa si diceva dell'uomo storico Gesù!

Per cominciare, già qualche citazione si incontra in **Flavio Giuseppe**[57], storico ebreo non cristiano, che nelle sue Guerre Giudaiche, parla di Gesù. Diciamo pure che, sicuramente, tra gli apologeti non tutti tendevano a dire il vero, sia per incapacità a difendersi che per scarsità di materiale certo oltre i Vangeli. Perciò, non ci si scandalizzi, visto che succede ancora oggi, del fatto che furono composti appunto di "fatti" o "detti" di Gesù, che mai il Signore aveva pronunciato. Così, in quel clima di confronto-scontro si aggiungeva materiale che andò a formare i cosiddetti Vangeli apocrifi. Ovviamente è chiaro che, non possiamo dire storicamente che si tratti di un imbroglio deliberato ma, di un processo naturale molto comune nella storia anche oggi.

Questo significa certamente una cosa: quanto narrato da quelle fonti letterarie, va sicuramente interpretato non come descrizioni di avvenimenti reali, ma come "contenuti simbolici" di verità etico-religiose.

Si cerca, quindi, la interpretazione di ciascun passo evangelico attingendo alla cultura, alla mentalità, alle attese del tempo.

Le varianti sono tante, al pari degli atteggiamenti di schieramento verso il Cristianesimo e la di sua cultura che pure andava crescendo ed assumendo importanza nell'impero.

---

[57] F. Giuseppe (37 d.C. - 100 d.C.), storico e scrittore romano di origine ebraica.

Un piccolo assaggio: una criticità!

La data di nascita e di morte di Gesù: siccome, questo dato per gli oppositori risulta essere un problema, ma non certamente per noi, lo andremo ad argomentare su di un piano storiografico. Cominciamo col citare il resoconto di uno scrupoloso giudeo Flavio Giuseppe:"... il governatore Quirinio che venne in Palestina, quale legato in Siria nel 6 d.C. Assieme a lui Roma mandò Coponio con funzioni di primo procuratore in Giudea...". Eseguirono questi un censimento tra il 6 ed il 7 d.C., che gli storici per molto tempo hanno tenuto in dubbio che si potesse trattare del censimento di Luca 2:1-5. Dopo vari anni, viene trovato un frammento di iscrizione romana ad Antiochia, su cui vi era riportato del censimento che Quirino aveva fatto.

Ancora in riferimento alla nascita di Gesù: malgrado tutti i cristiani siano concordi a festeggiare il Natale il 25 dicembre; gli studiosi tutti non sono di questo avviso: fu Dionigi[58] il piccolo a commettere un errore, ebbe due dimenticanze quando l'imperatore Giustiniano gli conferì l'incarico di stabilire l'inizio della nuova era: non incluse lo zero nel computo degli anni, e dimenticò di conteggiare quattro anni del regno di Augusto che aveva regnato col suo vero nome di Ottaviano. La storia ci riporta che si parla del Natale cristiano del 25 dicembre, per la prima volta nel 354.

Ora dovendo continuare l'analisi epistemologica di Gesù, con l'esposizione dei restanti documenti, si è pensato di operare una duplice divisione: fonti cristiane e fonti non cristiane. Così da rendere coerente ed efficace il processo di verifica epistemologica, del quale abbiamo a ragione tanto parlato. Si comincia con i quattro Evangeli cosiddetti

---

[58] Dionigi il Piccolo (470 d.C. - 544 d. C.),monaco e studioso cristiano che calcolò per primo la data di nascita di Gesù.

canonici, sono i primi e si tratta di opere semplici, essenziali, brevi. Il primo, come ordinato nelle Scritture, è quello di Matteo, scritto in Aramaico ma il testo non ci è pervenuto, gli altri in greco, lingua comune nella parte orientale dell'Impero Romano. Ciascuno dei quattro Evangeli ha proprie peculiarità, presenta elementi non presenti in altri, talvolta vi è discordanza nei particolari, ma nel complesso la vicenda e l'insegnamento sono gli stessi. Il racconto appare disposto in parte secondo un ordine cronologico, in parte secondo un ordine logico. Vi sono riferimenti a personaggi storici che ci rimandano alle date ma, manca propriamente una cronologia organizzata. Per esempio, malgrado si possa evincere indirettamente dai contenuti contestuali, è vero ad un'analisi scientifica che non viene indicato l'anno sia esso della nascita che quello della morte di Gesù: solo Luca fa riferimento al 15° anno dell'impero Tiberio corrispondente al 27 d.C.

Gli Atti degli Apostoli

Narrazione scritta da Luca, anch'essa semplice e chiara, con una ottima organizzazione della cronologia degli eventi, delle vicende dell'era apostolica. Il grosso degli eventi, ruota intorno all'apostolo Paolo, che a un certo punto racconta gli eventi in prima persona. La narrazione arriva a poco prima della persecuzione di Nerone del 64 d.C. Perciò il racconto dei fatti si ferma all'anno 62. Pure, negli Atti, non si parla della vita di Gesù in una maniera che avremmo desiderato fosse; ciò non fa problema dal punto di vista storico, perché comunque la esistenza fisica di Gesù è certa sia per la vicinanza epocale che per l'imprimatur delle autorità romane del tempo.

Le varie Epistole

Si tratta di lettere scritte da vari Apostoli, per lo più è stato proprio Paolo a scriverle. I contenuti, vanno trasversalmente dall'insegnamento teologico di base all'ammonimento su tematiche diverse. Sono normalmente rivolte alle comunità locali. Ivi, in esse, non c'è cenno specifico e dettagliato a Gesù, per i motivi che già ho esposto prima. Perciò, sono con ogni diritto da considerarsi fonti storiografiche.

Le fonti non cristiane

Le nominazioni inerenti al Cristianesimo ed i Cristiani, cominciano ad avere datazione certa e di rilievo intorno al 110-120 d.C.: Plinio e Svetonio in riferimento all'età di Claudio Imperatore, ma anche Tacito, con riferimento alla persecuzione di Nerone del 64 d.C.

Svetonio ci dice: *"L'imperatore Claudio, scacciò da Roma i Giudei che, istigati da Cristo, erano continuamente in lotta..."* (Claudius XXV,4);

Tale brano, è già esplicativo di alcune indicazioni:

1. L'appellativo di Cristiani, deriva da Cristo;

2. Erano mal visti e considerati Giudei.

Altra testimonianza arriva da Plinio che nella sua opera (Epistolae, 96), ci dice: *"...Erano soliti riunirsi alle prime luci dell'alba, ed innalzare un canto a Cristo, come se fosse un dio...".*

Anche Plinio le identifica e ce li presenta come contemporanei e discepoli di Cristo, per giunta adorato come Dio!

Sentiamo ancora il grande Tacito:

"Per tagliar corto alle pubbliche voci, Nerone accusò di essere colpevoli, e sottopose a raffinatissime pene, coloro che il popolo chiamava Cristiani e che erano odiati per i loro crimini. Quel nome veniva da

Cristo, che sotto il regno di Tiberio era stato condannato al supplizio per ordine del procuratore Ponzio Pilato. Momentaneamente sopita, questa malefica superstizione proruppe di nuovo non solo in Giudea, luogo di origine di quel flagello, ma anche in Roma dove tutto ciò che è vergognoso e abominevole viene a confluire e attecchisce. Per primi furono arrestati coloro che facevano aperta confessione di tale credenza. Poi, su denuncia di questi ne fu arrestata una gran moltitudine, non tanto perché accusati di aver provocato l'incendio ma, perché erano pieni di odio contro il genere umano…" (Annales XV,44).

Al cospetto di tale e tanta documentazione, risulta evidente un dato: la prima grande persecuzione dei cristiani avvenne ai tempi di Nerone. È certo, da un tale resoconto rubricato da cotanta autorevolezza di studiosi, anche che la condanna di Gesù risale al governo ed all'autorità di Ponzio Pilato in quel tempo.

Per quanto esposto e, voglio credere ben argomentato a mezzo dei principi di epistemologia generale, più ancora che ai modelli schematici da me elaborati; credo, si debbano fare tre fondamentali considerazioni:

- *Ipotesi confessionale-religiosa:* veramente Gesù è il Cristo o comunque il Gesù della fede?
- *Ipotesi negativa scientifica:* Gesù è un cialtrone?
- *Ipotesi storico-critica:* fu solo un uomo che venne creduto il Cristo o per dolo o in buona fede, o verosimilmente per l'uno o per l'altra insieme?

Sulla base del materiale storico-sociologico-filosofico raccolto, propendo affinché la scelta debba cadere sulla prima ipotesi! E siccome ho detto sin dall'inizio che un eventuale riscontro scientifico alla persona storica di Gesù avrebbe per forza di cose avuto una ricaduta sulla tesi di fondo del libro, possiamo dire che, malgrado le lacerazioni dell'attuale società degli uomini siano estese e profonde, certamente ha senso ancora, nel terzo millennio riflettere su Dio: quello annunciato da Cristo Gesù, nel suo tempo storico, che è il tempo di Dio come "sempre".

L' archeologia

Avendo sin dall'inizio sostenuto che la nostra tesi sarebbe stata affrontata con piglio scientifico, e a guidarci sarebbe stata la disciplina epistemologica, non credo si potesse trascurare in questo lavoro l'archeologia, che a sua volta rientra nelle discipline di indagine previste dall'Epistemologia.

Perciò, vorrei esordire con il Frammento di Ryland. Quest'inglese di nome **Robert Ryland**[59], nel 1935 decise di pubblicare un papiro trovato in Egitto e databile con certezza al 125 d. C. In esso papiro, vi è contenuto un breve frammento del Vangelo di Giovanni; considerando che, la zona era abbastanza remota e che, i trasporti a quei tempi non erano veloci come oggi, risulta plausibile una conferma alla datazione tradizionale.

Il secondo frammento, che vorrei presentare, è quello di **Qumran**[60]. Località oramai conosciuta da tutti, qui furono trovate per caso, nel 1947, una serie di anfore contenenti rotoli di papiri appartenuti a una comunità ebraica vissuta prima della distruzione di Gerusalemme del 70 d.C. In uno di tali papiri vengono identificati in greco alcuni versetti dell'Evangelo di Marco; dagli studi effettuati su questi ritrovamenti sono state ricevute conferme sulle date

---

[59] R. Ryland, editore inglese che nel 1935 pubblicò il "Frammento di Ryland", un papiro contenente alcuni frammenti del Vangelo di Giovanni.

[60] Qumran: località tra Israele e Palestina, ove nel 1947 furono trovate delle anfore contenenti rotoli di papiri con svariati riferimenti biblici.

suggerite dai testi stessi. Uno degli aspetti scientifici, che la disciplina archeologica ha messo in evidenza è stata l'assenza di elementi mitologici, considerato il luogo di ritrovamento ed i tempi, al contrario ne ha evidenziato la presenza di elementi rubricabili storicamente.

Quindi, cotali ritrovamenti hanno alla fine permesso degli studi comparati, che hanno riscontrato delle corrispondenze storiografiche rigorose tra le narrazioni apostoliche degli Atti, che seguono un'organizzazione come detto minuziosa in riferimento a località, fatti, personaggi ed usanze. Che dire poi dei personaggi storici, menzionati nei testi canonici confessionali? Alla prova scientifica! Tutti perfettamente riconoscibili: Pilato, Erode il Grande, Erode Antipa, Caifa, ecc. Vi si riportano dettagli incredibili: tempi, nomi dei magistrati, delle autorità varie. Voglio ancora riproporre un esempio al limite dell'incredibile: quando Gesù prende una moneta su cui vi era la figura di Cesare, non prende una moneta qualsiasi ma proprio un denaro, perché l'unica moneta circolante in Palestina a quel tempo, con immagini, era proprio solo il denaro.

Altri elementi, storiografico-archeologici incredibili, ed assurti a prove posteriori incontestabilmente di rango scientifico, sono alcuni eventi del libro degli Atti. In esso si descrivono tanto bene il viaggio per mare di Paolo; si afferma che, il procuratore Felice il tribuno della coorte di Gerusalemme, si chiamava Claudio Lisa.

Il Genere Letterario

Dalla scienza che si occupa di letteratura la filologia, abbiamo appreso che ogni opera ha sempre un suo carattere letterario, che ci aiuta anche a decifrarne nella sua globalità il senso: il genere degli scritti del Nuovo Testamento è molto variegato, si va dalla narrazione in senso stretto, alla narrazione storica o l'annunciazione apocalittico-escatologico.

Particolare molto rilevante in riferimento agli Evangeli: il fatto che essi sono ben quattro, esclude che possa trattarsi di una redazione di scritti fantasiosi. Per restare ad una comparazione storico-letteraria di opere importanti, conosciute e studiate universalmente: abbiamo per esempio una sola Iliade scritta e una sola Odissea! Gli Evangeli, proprio con le loro semplici ed apparenti contraddizioni, dimostrano paradossalmente la loro coerenza testuale e veridicità storico-sociologica, perché, se artefatti o mistificati, una redazione posteriore o anche un rimaneggiamento posteriore, avrebbe certamente limato tali contraddizioni.

Mentre negli Evangeli è presente, con la sua specificità di racconto, la sua versione dei fatti, che va in parte a distinguersi dagli altri, proprio come una traccia di personalità e persona diversa testimone dei fatti. In un certo senso, è come il voler provare un esperimento: si chieda a più testimoni di raccontare lo stesso evento! Andremmo a notare sempre delle differenze che, nel caso degli Evangeli, hanno visto scorrere decine di anni fra gli avvenimenti e la relazione scritta, riportata certamente da testimoni presenti in quel momento storico.

Altro particolare: notevole è il riporto che gli Evangeli fanno delle personalità coinvolte. Matteo si rivolge agli Ebrei, Marco si rivolge un po' a tutti, Luca invece è uomo colto e ci tiene a mostrarlo, Giovanni, invece, mostra un interesse di strutturazione filosofica come nessuno. Oggi, gli ultimi studi filologici collocano il genere degli Evangeli nella sottocategoria delle "memorie".

Ecco, al cospetto di uno studio scientifico serio, le criticità inerenti alla nascita e la morte di Gesù non vengono giustamente prese come prove per confutarne l'esistenza storica; basterebbe fare una semplice riflessione, che appartiene all'esperienza di tutti noi: di quanti scrittori e scienziati ancora oggi si ignorano date o luoghi di morte, ma non per questo si postula la negazione della loro esistenza!? Giustamente, sono ben altre le prove da ricercare e verificare.

I Vangeli Apocrifi

Non si poteva definire il presente lavoro veramente epistemologico, se non avessimo arricchito il presente lavoro attraverso l'inclusione di manoscritti dell'epoca di notevole spessore filologico-testuale.

Di provenienza diversa, questo fatto depone sia a favore del lavoro svolto che, come dicevamo nel corso dei capitoli precedenti, della stessa presenza sulla scena della storia umana di Gesù!

Qualcuno potrebbe chiedersi come ciò possa avvenire. Risponderemo in maniera molto semplice: come esempio equivale a dire che è come se non volessimo leggere nient'altro sulla *"Divina Commedia"* perché Dante ci avrebbe detto già tutto!

Non sarebbe questo un atteggiamento scientifico e di onestà intellettuale, sia per la nostra cultura personale che per la oggettività critica nell'analisi dell'Opera di Dante.

In definitiva, gli Apocrifi vanno letti comunque per due ragioni fondamentali:

1. Ci permettono un confronto storico-filologico dei testi, con tutto ciò che immaginiamo ne consegua;

2. Ci arricchisce culturalmente e fortifica anche la nostra fede, una attenta e giusta lettura!

Andando avanti col nostro momento introduttivo sul tema, c'è qualche notizia scientificamente utile: il termine "apocrifo" designava una volta quei libri che erano destinati ad una cerchia particolare di lettori. Però, ad un certo punto, essendo quella dei primi secoli del Cristianesimo un'epoca di sospetti e di eresie varie, si pensò di definirli in tal modo per sottolineare che non erano stati scritti dagli apostoli.

Ma se è vero che tra gli apocrifi circolarono testi eretici, è anche vero che ci furono testi che almeno la prima generazione dei discepoli degli apostoli li lesse, ma li scrisse anche: la lettera di Barnaba, la Didaché, le lettere di Ignazio, il Pastore di Erma.

La stretta affinità tra il genere e la forma letteraria di questi scritti con quelli canonici, ci deve spingere ad un'altra osservazione: le differenze di contenuto e di impostazione non rappresentano un semplice problema letterario. In realtà, rivelano qualcosa di molto più profondo, la diversità dell'ambiente, del cosiddetto **Sitz im Leben** (situazione vitale) della struttura della comunità in cui sono sorti.

È ancora vero un altro fatto: questi scritti, e ci riferiamo a quelli analizzati secondo il criterio della coerenza testuale e contenutistica teologica, hanno aiutato a crescere nella fede i credenti e le loro famiglie, oltre che a difendere la fede verso gli increduli più fanatici.

È fuori di ogni dubbio storico-filologico che dagli apocrifi si sono attinti eventi e dati che hanno brillantemente superate le prove scientifiche opportune: per esempio, gli articoli di fede sia cattolici che protestanti trovano negli apocrifi le loro corrette asserzioni; alla stessa maniera, troviamo in essi i nomi dei genitori di Maria, la conferma della nascita di Gesù in una grotta; come la conferma della perforazione del suo costato da una lancia, piuttosto che, il processo intero e relativa condanna di Gesù!

Per dirla tutta: ci sono apocrifi ed apocrifi ma, soprattutto, c'è la nostra fede nelle promesse di Cristo, che non può e non deve vacillare per una lettura!

Ora, compreso dopo quanto detto che volendo adoperare un linguaggio moderno, è quanto meno improprio definire "eretica" in senso stretto tale letteratura.

La storia e gli studi filologici hanno dimostrato che diverse caratteristiche accomunano le due letterature, canonica ed apocrifa.

Prima di passare alla esposizione dei testi che, vogliamo ribadire ancora una volta, sono tratti da manoscritti e fonti che hanno subito un rigoroso processo di analisi scientifica integrata; mi piace ricordare che la scienza ha dedotto tre dei motivi che indussero a scrivere i testi apocrifi:

1. Propaganda del ruolo, della persona e del messaggio di Gesù Cristo;
2. Difesa della fede ed attenzione alla società e cultura del tempo;
3. Dirimere problemi di varia natura, che andavano nascendo.

Questa che vado ad elencare, come si può immaginare, non è una bibliografia completa delle fonti scientifiche che hanno studiato gli apocrifi. Grazie a Dio, c'è molto materiale al riguardo.

Per i testi greci e latini:
- Jacopo da Varazze, compose negli anni dal 1255 al 1266 l'opera agiografica "Leggenda Aurea. Volgarizzamento toscano del '300";

- J.C. Thilo, compose nel 1852, il "Codex Apocryphus Novi Testamenti";

- C. Tischendorf, compose nel 1852, "Evangelia Apocrypha";
  Per i testi siriaci, copti ed etiopici:
- W. Wright, "Contributions to the apocryphal…";

- F. Robinson, "Coptic Apocryphal Gospels";

- I. Guidi, "Fragmenti copti";

- L. Guerrieri "Le Testament en Galilée de Notre Seigneur Jésus Christ";

Per i testi arabi:
- A. S. Lewis, "Apocrypha Arabica";

Per studi generali:
- E. Hennecke;
- G. Ghedini;
- F. Cerutti;
- H. Waitz;
- J. Robson;

Nello studio delle fonti e dei contenuti che i diversi manoscritti riportano, è stato comunque necessario effettuare un'accurata cernita e suddivisione tematica; affinché si potesse dare una strutturazione logica e coerente di quanto esposto.

Tanto ci induce ad informare il lettore su di un altro fatto: per la notevole mole inerente al numero di manoscritti esistenti, nonché l'oggettivo rischio di ridondanza che si poteva correre, ci siamo visti obbligati a sintetizzare ordinatamente il materiale. Il che, alla luce dei risultati ottenuti, ci è sembrata la scelta giusta da doversi fare.

Ecco le modalità seguite per organizzare i documenti:

1- Qualche brano inerente alla nascita di Gesù;

2- Qualche brano della storia di Maria;

3- Qualche brano raccontato da Gesù adulto;

4- Qualche brano del processo e della condanna di Gesù;

5- Qualche brano, inerente terze persone, che ebbero contatti con Gesù.

Brano n. 1 – La nascita di Gesù

"…Venne un ordine di Augusto imperatore affinché si facesse un censimento di tutti gli abitanti di Betlemme e della Giudea. Giuseppe pensò:" Io farò recensire tutti i miei figli; ma che farò con questa fanciulla? Come farla recensire? Mi vergogno. Il Signore farà secondo il suo beneplacito".

"Sellò l'asino e vi fece sedere Maria… La calò giù dall'asino e le disse: "Dove posso condurti per mettere al riparo il tuo pudore? Il luogo, infatti è deserto".

"Trovò quivi una grotta: ve la condusse, lasciò presso di lei i suoi figli ed uscì a cercare una ostetrica ebrea nella regione di Betlemme' ostetrica dopo che Giuseppe le aveva raccontato la storia di quella gestazione, uscì dalla grotta ed incontrata Salomè le raccontò il fatto che Salomè volle verificare di persona e così fece! Le due fecero nascere il Signore Gesù in questa maniera nella grotta!".

(Fonte: Protovangelo di Giacomo)

Brano n. 2 – Famiglia di Maria

"… Passati nove mesi, Anna partorì una figlia e la chiamò Maria. Al terzo anno, dopo averla slattata, Gioacchino e Anna sua moglie andarono insieme al tempio del Signore per offrire a Dio delle vittime e affidarono la bimbetta di nome Maria al collegio delle vergini; qui le vergini restavano giorno e notte nelle lodi a Dio. Maria all'età di tre anni, camminava con un passo così maturo, parlava in un modo così perfetto, si applicava alle lodi di Dio così assiduamente che stupivano tutti. Avvenne che all'età di quattordici anni, i farisei fecero notare che era arrivata l'età per Maria di lasciare il tempio e maritarsi. Fu così che lanciarono un bando per trovarle marito, che cadde sulla tribù di Giuda, che era rappresentata da Giuseppe il falegname vedovo e padre di sei figli: Giuda, Giusto, Giacomo, Simeone, Assia e Lidia".

(Fonte: Vangelo di Nicodemo)

Brano n. 3 – Gesù racconta in prima persona

«"… Io sono la risurrezione e la vita; se il grano di frumento non muore, non può dare frutto. Anche voi, se non vedete con i vostri occhi, non potete avere il cuore fermo". Io vi ho detto: "Coloro che non hanno visto, ma credono, sono più beati di coloro che hanno visto e non credono". Vedete bene quanti miracoli e prodigi ho fatto davanti agli Ebrei, ma non hanno creduto in me. Or dunque, fratelli, voi conoscete Lazzaro, l'uomo di Betania che è detto mio amico; or sono quattro giorni ch'io sto con voi e che non sono stato a prendere notizie dalle sue sorelle: sono infatti quattro giorni che Lazzaro è morto. Andiamo da esse, a consolarle per la morte del loro fratello Lazzaro. Vieni Didimo. Andiamo a Betania. Ti farò vedere nella sua tomba, un tipo della risurrezione dell'ultimo giorno, affinché il vostro cuore sia fermo. Io, infatti, sono la risurrezione e la vita"».

(Fonte: Vangelo di Nicodemo)

Brano n. 4 - Qualche brano del processo e della condanna di Gesù

"... I sacerdoti: "Sappiamo che è figlio di Giuseppe e di Maria, ma egli afferma di essere figlio di Dio e re; non solo, ma viola il sabato e dissolve la legge dei nostri padri".

Pilato: "Che cosa fa dunque? Cosa vorrebbe distruggere?

I sacerdoti: "Noi abbiamo una legge che ci proibisce di guarire qualsiasi persona nel giorno di sabato. Ma costui ha guarito di sabato...".

Pilato: "In che modo guarisce?

I sacerdoti: "È un mago, e lo fa in nome di Beelzebub, e caccia anche i demoni!"

Pilato: "Ma cacciare i demoni non è un'azione di spirito immondo... ma della potenza del dio Esculapio!".

(Fonte: Vangelo di Nicodemo)

Brano n. 5 - Qualche brano, inerente terze persone, che ebbero contatti con Gesù

1- «Pilato stupito della risurrezione, lodava Dio. Ma gli Ebrei gli dissero che quando muore uno stregone, gli spiriti cattivi operano ancora miracoli. Ma Pilato replicò: "… Non ho mai udito che stregoni e maghi operino tali miracoli. Voi comunque vi siete ingannati nei confronti della vita del nostro Signore Gesù, ma la sua ira ed il suo castigo vi raggiungeranno".
Essi stessi, avevano dato le loro anime alla condanna, dicendo: "Il suo sangue ricada su di noi in eterno!"».

2- «Mentre ancora sedevano nella sinagoga, stupiti a motive di Giuseppe, giunsero le guardie che gli Ebrei avevano chiesto a Pilato per custodire il sepolcro di Gesù, affinché i suoi discepoli non andassero a rubarlo. E si misero a raccontare: "Come se fosse avvenuto un grande terremoto e abbiamo visto un angelo discendere dal cielo, far rotolare la pietra dall'ingresso della tomba e sedere su di essa, ed era splendente come la neve e come il lampo. Noi tremammo dal grande spavento e restammo come morti". Allora gli Ebrei tennero consiglio e ammassarono una grande somma di denaro, e la diedero alle guardie dicendo: "Dite che mentre voi dormivate, nella notte, vennero i suoi discepoli e lo rubarono. Qualora il Procuratore udisse questo gli parleremo noi". Ed essi preso il denaro non fecero come erano stati istruiti».

3- «Ma dalla Galilea vennero a Gerusalemme un sacerdote, Finee, uno scriba, Adas, un Levita, Aggeo, ed annunziarono ai capi della sinagoga, sacerdoti e Leviti: "Abbiamo visto Gesù che sedeva sul monte Mamilch (altro modo per definire il monte degli Ulivi) con i suoi discepoli". Egli ordinò ai suoi discepoli: "Andate in tutto il mondo ed annunziate a tutta la creazione: chi crederà e sarà battezzato sarà salvo, ma chi non crederà sarà condannato. Dissero allora gli anziani, i sacerdoti ed i leviti: "Date gloria al Dio di Israele e confessate davanti a lui se veramente avete visto ed udito queste cose, così come le avete presentate".»

«Gli annunziatori risposero: "Quant'è vero che vive il Signore, il Dio di Abramo, Isacco e Giacobbe, noi abbiamo udito questo e abbiamo visto mentre era preso in cielo". Essendo nata una disputa tra i sacerdoti, quelli che erano in accordo per travisare la verità della resurrezione, furono presi da confusione e si chiedevano: "Sia pure! I suoi discepoli hanno rubato il corpo. Ma come ha fatto l'anima ad entrare nel suo corpo sicché ora egli si trova in Galilea?".»
(Fonte: Vangelo di Gamaliele)

Quanto esposto, in riferimento ai testi apocrifi, è solo una piccolissima parte del contenuto che essi testi contengono. Come abbiamo potuto notare, è notevole la somiglianza letterale e contenutistica, con i testi canonici. E questo, a parere di chi scrive, considerando anche tutto quanto detto fin qui, ha indubbiamente un gran valore intrinseco. Soprattutto se letto e studiato con onestà intellettuale, scevra di qualsivoglia pregiudizio di sorta, tesa solo ad arricchire le nostre conoscenze! Da non dimenticare inoltre che, anche oggi si scrivono dei cattivi libri di teologia, e quasi mai si grida più all'eresia, forse è una questione di tempi e di moda?

Pensiero conclusivo dell'Autore

Ho detto fin dall'inizio, che il materiale utilizzato per produrre il presente lavoro è stato visionato da opere inedite e spesso composto da manoscritti originali, che hanno dovuto subire un processo di verifica attraverso protocolli comparativi rigorosissimi.

Verifiche che, alla fine mi hanno portato ad articolare un giudizio di merito, proteso ad interessare una serie di verità storiche circa i vari personaggi che, nel corso della storia umana, hanno preteso il titolo ed il ruolo di "Messia". Perciò, ancorché il loro verbo è da ritenersi venire da uomini saggi e di pace; mentre, ben altra attenzione meritava ed ha meritato nel senso di uno studio scientifico approfondito e di rigore, per determinarne, attraverso una serie di prove, in definitiva l'origine o meno "divina"! Un tale processo storico-filologico non poteva non avere delle implicazioni con l'esistenza di Dio e con il valore stesso della "conoscenza", intesa nella sua duplice accezione: filosofica e scientifica.

Quindi, se c'è una conclusione cui perviene il presente lavoro, essa è senza dubbio composita e particolarmente variegata: infatti, il lavoro non aveva da rispondere, pur facendolo, solo ai tre quesiti posti all'attenzione del lettore sin dall'inizio; ma, a nostro parere ha risposto con argomentazioni, a pro di una verità almeno storico-sociologica, inerente a certi "Personaggi" ed al loro "Credo". Ciò è stato fatto con rigore scientifico, vagliando tutta la documentazione che c'era da vagliare e per tutte le persone coinvolte: Gesù Cristo, Maometto e Buddha! Quindi, l'analisi scientifica oggettiva e comparata secondo un rigoroso protocollo epistemologico di tutti gli elementi a disposizione, ha prodotto una pronuncia certa e senza appello: il Gesù storico è l'unico a rientrare nei canoni scientifici del ruolo, nel contempo, la inadeguatezza degli altri pretendenti a tale ruolo (Buddha e Maometto). <u>L'aspetto più importante che ha voluto cogliere il presente lavoro: portare a conoscenza dei più, nel rispetto di ogni sensibilità di fede, il primato della verità scientifica: in quanto certezza di conoscenza!</u>

Ci siamo, è il momento di un piccolo e personale inciso, che vuole essere un umile consiglio: "A te che leggi questo libro e forse ancora una decisione su Dio non l'hai presa, devi sapere: sia che tu creda in Dio, o che tu non creda; ho da dirti che le precisazioni di questo testo sono state esposte con grande rispetto per qualunque lettore, e lo abbiamo detto più volte! Il genere letterario e l'entità della tesi che si è voluta affrontare imponevano rispetto, coerenza ed impegno. È giusto anche che tu sappia ancora questo: Dio osserva attentamente ogni sua creatura e va oltre nei suoi propositi, che certamente non sono da identificare con le "costumanze intellettuali" bizzarre degli uomini; i Suoi sono altri pensieri, e questo è un gran bene per noi umani e per te!

La Sua ricchezza è infinita, e qualunque cosa possiamo pensare di essa è certo immensamente inferiore alla Sua realtà. Cercalo con tutto il tuo cuore, in uno slancio di fede semplice, poderosa, sincera, ma soprattutto, consapevole! Ti assicuro che Egli si lascerà trovare da te, ovunque tu sia e chiunque tu sia!!!

Ringraziamenti, Bibliografia e Sitografia

I contenuti del presente lavoro hanno beneficiato come base di ricerca e studio, delle Opere prodotte dagli autori indicati in elenco. Perciò, agli Autori e agli Editori tutti, va il nostro grazie profondo.

In particolare, dal sito "ScienzaPerTutti" – INFN/Roma (http://scienzapertutti.infn.it), è stato tratto il paragrafo sull'antimateria, curato egregiamente da Gino Isidori.

- Talete, Anassagora, Anassimene - *studio e ricerca sulle Opere originali*
- Socrate – *studio e ricerca sulle Opere originali*
- Platone – *studio e ricerca sulle Opere originali*
- Aristotele – *studio e ricerca sulle Opere originali*
- Pitagora – *studio e ricerca sulle Opere originali*
- Eraclito – *studio e ricerca sulle Opere originali*
- Parmenide – *studio e ricerca sulle Opere originali*
- Gorgia – *studio e ricerca sulle Opere originali*
- Cicerone – *studio e ricerca sulle Opere originali*
- Tacito – studio e ricerca sulle Opere originali
- Orazio – *studio e ricerca sulle Opere originali*
- Seneca – *studio e ricerca sulle Opere originali*
- Lucrezio – *studio e ricerca sulle Opere originali*
- Origene – *studio e ricerca sulle Opere originali*
- Clemente di Roma – *studio e ricerca sulle Opere originali*
- Agostino – *studio e ricerca sulle Opere originali*
- Tertulliano – *studio e ricerca sulle Opere originali*
- Tommaso d'Aquino – *studio e ricerca sulle Opere originali*
- Cartesio – *studio e ricerca sulle Opere originali*

- H. M. Lewis – *La società antica, ossia ricerche sulle linee del progresso umano dallo stato selvaggio, attraverso la barbarie, alla civiltà*, London. Macmillan Co.,1877.
- K. Marx – *studio e ricerca sulle Opere originali*
- F. Engels – *studio e ricerca sulle Opere originali*
- B. Pascal – *studio e ricerca sulle Opere originali*
- A. Einstein – *studio e ricerca sulle Opere originali*
- W. Von Braun – *studio e ricerca sulle Opere originali*
- Emmanuel Kant – *studio e ricerca sulle Opere originali*
- Friedrich Hegel – *studio e ricerca sulle Opere originali*
- B. Spinoza – *studio e ricerca sulle Opere originali*
- B. Russell – *studio e ricerca sulle Opere originali*
- F. Nietzsche – *studio e ricerca sulle Opere originali*
- Werner Keller – *La Bibbia aveva ragione*, Garzanti Editori, 1990
- Danila Visca – *Dei Profeti dell'Occidente*, Edizioni La Goliardica
- D. Barrow- *I numeri dell'Universo*, Oscar Mondadori, 2011
- L. Moraldi, *Vangeli Apocrifi*, Editrice Piemme, 1996

Profilo autobiografico dell'autore

Il Dr. Antonio Gaito ha svolto i suoi studi Teologici e Storico-Filosofico-Religiosi presso l'Università Statale "La Sapienza" di Roma e presso la Facoltà Valdese di Teologia in Roma.

Il Dr. Gaito è biblista, esperto in lingue e civiltà antiche: Ebraismo, Egittologia, Esegesi Biblica, Sociologia delle Religioni, Filosofia della Conoscenza. In questi ambiti, è Conferenziere, Consulente di alcuni Organismi Missionari Internazionali e membro dei tre più importanti Enti Scientifici e di Ricerca nel campo delle Scienze Storico-Religiose, italiani e internazionali:

-**SISR:** Società Italiana di Storia delle Religioni;

-**IAHR:** International Association for the History of Religions;

-**EASR:** European Association for the Study of Religions.

Il Dr. Gaito fa parte dei ruoli dei Ministri di culto della Missione Italiana per l'Evangelo (MIE) dal lontano 1995.

Il Rev. Gaito, già docente di Storia del Cristianesimo presso il Seminario C.A.T.M.A. di Vico Equense (NA), nella prima metà degli anni 90', vi è ritornato ad oggi come docente di Epistemologia.

Il Dr. Gaito sta per pubblicare, con i migliori auguri, il suo secondo lavoro letterario *"Corso di Ebraico Biblico"*.

Youcanprint
Finito di stampare nel mese di gennaio 2020